一生必读的经典·世界 **10** 大名著

THREE DAYS TO SEE
THE STORY OF MY LIFE

◎ 原著／海伦·凯勒〔美国〕

假如给我三天光明
海伦·凯勒自传

人民武警出版社

与文学大师的对话

德国大诗人歌德说过："读一本好书，就等于和一位高尚的人对话。"青少年朋友阅读文学名著，就是在和一位位文学大师对话。他们创作的名著，纵贯古今，横跨中外，成为全人类共同的宝贵财富，供我们一代代分享下去。

这套"一生必读的经典：世界10大名著"汇集了不同时代、不同国家、不同作者的优秀作品，它们是全人类智慧的结晶，里面处处闪现着智慧的光芒。亚米契斯通过《爱的教育》让我们深切体会了同学之间的友情和父母、师长对我们的关爱；笛福借《鲁宾逊漂流记》让我们懂得了什么是开拓进取，并获得了挑战自然的信心；马克·吐温的《汤姆·索亚历险记》让我们见证了一个男孩子的成长过程；而海伦·凯勒的自传《假如给我三天光明》则教会我们要懂得珍惜生命、懂得自强不息，还有《昆虫记》、《钢铁是怎样炼成的》、《海底两万里》……每一部作品都是作者毕生思想的结晶、人生经验的提炼。

读完这些作品，我们会感到这些大师们站在人类思想的巅峰，为我们撒播着智慧和心灵的种子。他们通过这些伟大的著作，和我们进行着愉快、亲切的对话。

世界儿童基金会　林吉富

一把打开文学宝库的钥匙

　　一本书能够成为经典名著，一定是包含了高超的艺术造诣和透彻的人生道理。青少年朋友们正处在一个认识世界、了解人生的关键阶段，这些历经时间考验的经典文学名著正好充当了导师和朋友的角色。

　　由于青少年受到知识、阅历以及阅读欣赏经验的限制，他们往往会与文学名著产生不同程度的隔阂，造成阅读的困难。"一生必读的经典：世界10大名著"的编者们从浩如烟海的世界文学之林中精心挑选了10部最适合广大青少年阅读的世界经典名著。这些作品均以博大精深的思想内容、炉火纯青的语言艺术屹立于世界文学的巅峰。令人欣喜的是，所有作品均配有精美的彩色插图。这些插图形象地阐释了作品的内涵，有助于读者更好地理解原著的意义。

　　此外，这套书的特色还在于为这些文学名著配上了相关的文史、科普知识，让青少年读者在阅读名著的同时能了解相关的基础知识，再通过这些知识更好地理解作品。正是这些元素，使读者能更真切地感受各个国家和民族历史、文化的独特和精彩。

　　伟大的经典名著带给人的影响是能伴随人的一生的。这套书通过轻松、新颖的阅读方式，给了广大青少年一把打开文学宝库的钥匙。这把钥匙将给他们打开一个广阔而美丽的世界！

中国儿童教育研究所　陈勉

世界文学名著的无穷魅力

海伦·凯勒是20世纪轰动世界的最伟大的人物之一，她之所以伟大，不是因为她获得了超出于世人的成就，而在于她成功地超越了自己，挑战了生命的极限，最大程度地实现了自己的人生价值。海伦·凯勒不幸地拥有盲、聋、哑三种生理缺陷，但她所创造的成就却令世人震惊。她克服了语言障碍，学会了说话；她用11年的时间完成了大学前的学业，顺利考入了令很多正常人都望尘莫及的哈佛大学；她打破心理的束缚，与很多伟大的人物愉快地交流；她克服自己生活上的困难，为残疾人的前途和幸福四处奔波。

为了帮助青少年读者们了解海伦·凯勒不同寻常的人生，了解她是如何克服生理上的重重困难，取得伟大成就的历程，我们编撰了本书。相信读者将会从书中主人公的身上吸取到无穷的力量，从她伟大的人生历程中学习到有益的经验，创造自己的美好人生。本书翻译于海伦·凯勒的《我的人生故事》一书，译文内容忠实于原著，语言简洁流畅，风格清新明丽，最大程度地体现了海伦·凯勒在字里行间体现出的真实情感。为帮助读者更好地了解文章的内容和作者所处的时代背景，我们在文中穿插了大量清晰优美的图片，相信会使读者有赏心悦目的感受。书中还配备了许多简短的小资料，集知识性、趣味性于一体，帮助读者增长知识，开阔眼界。

假如给我三天光明
海伦·凯勒自传
THREE DAYS TO SEE
THE STORY OF MY LIFE

目 录

海伦·凯勒

海伦·凯勒(1880年~1968年)，美国女作家、教育家。幼时患病，两耳失聪，双目失明。后在教师安妮·莎莉文的帮助下完成大学学业。其一生致力于资助残疾儿童，曾荣获"总统自由勋章"。

海伦对生活充满了热爱，她从花朵中感受到了芬芳和宁静。

代序

假如给我三天光明

我们都读过震撼人心的故事，故事中的主人公即将走到生命的尽头。对于那些即将离开人世的人们来说，如何度过生命的最后一段期限，是一个永远值得探索的问题。

我常常想，如果把生命中的每一天都当作最后一天来过，也不失为一种极好的选择。这种方式会使人格外珍视生命的价值。每天都应该以昂扬的姿态、充沛的精力来面对生活。当然，也有人奉行吃喝玩乐的享乐主义信条，但所有人都会受到即将到来的死亡的惩罚。

在一些打动人心的故事中，即将面临死亡的主人公，通常会在生命的最后一刻因突降的幸运而获救，这时他的价值观通常会发生改变，他将更加懂得生命的意义。而如果每个人在年轻的时候都有几天失明、失聪的日子，也不失为一件幸事。黑暗将使他意识到光明的可贵，寂静将告诉他声音的美妙。

但是，假如有某种奇迹发生，让我能够拥有三天的时间，在这三天中我可以睁开眼睛看见这个世界，然后，再回到无止境的黑暗中去，那么，我将把这三天的时间分为三部分。

第一天，我要看看这个世界上

的人，他们的善良、敦厚与热情使我的生活充满了意义。首先，我要久久地凝视我亲爱的老师——安妮·莎莉文·梅西太太的面庞。当我还是个孩子的时候，她就来到了我的面前，带我走向了外面的世界。我要将老师美丽的面庞深深看在眼里，并将它永远地珍藏在我的记忆中。我还要细细品度老师的容貌，以便发现那温柔的同情心和耐心是如何鲜活地从中流露出来的，她正是以此来完成教育我的艰巨任务的。我还希望从她的眼睛里看出使她克服重重困难坚持下来的坚强品格，以及她经常感染我的，对于全人类的同情。

海伦通过触摸莎莉文老师的脸，感觉其面部特征。

　　我不了解如何透过"灵魂之窗"——即眼睛看到朋友们的内心世界，我只能借助于手指尖，去"看到"朋友们的脸的外部轮廓。我能够从他们的脸上感觉到所有明显的情感，如欢乐、悲哀等。我是凭触摸朋友们的脸来认识他们的，但是我不能凭借这一点来了解他们的个性特征。当然，通过其他方法，通过他们向我表达的思想，通过他们向我显示出的任何动作，我对他们的个性也有所了解。但是我相信，通过亲眼看见他们，目睹他们对诸种思想和环境的反应，亲眼看到他们的眼神和转瞬即逝的表情，我会更深入地了解他们。

　　我对我身边的朋友都非常了解。因为经过多年的接触，他们已经将自己的各个方面展现给了我。但是，对于那些萍水相逢的朋友，我却只有一个不完整的印象，

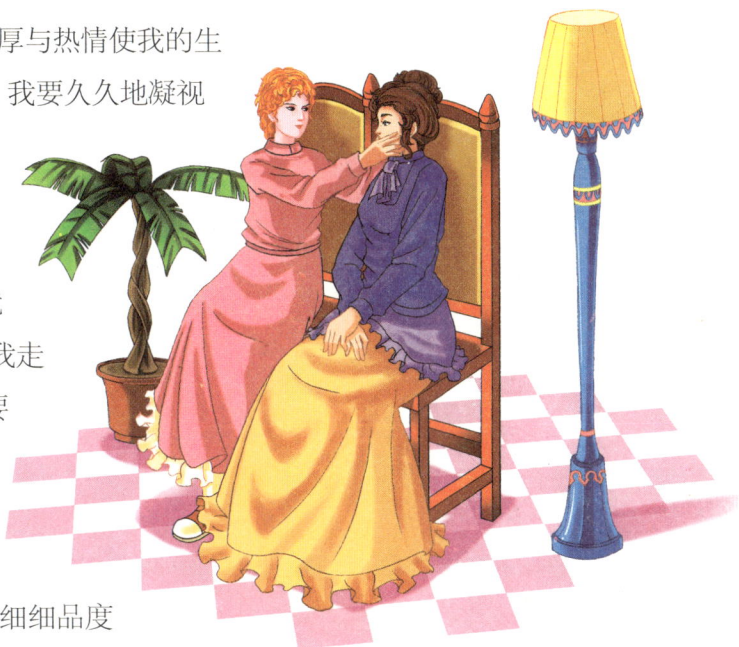

安妮·莎莉文·梅西

　　安妮·莎莉文·梅西（1866年～1936年）是海伦的家庭教师。1887年，21岁的莎莉文从其就读的美国柏金斯盲人学校，被选作海伦的家庭教师，从此将自己的一生致力于对海伦的教育。图为海伦·凯勒和安妮·莎莉文老师在用手语交谈。

海伦十分喜爱她的小狗们。

狗

　　狗是哺乳动物的一种，种类非常多。狗的嗅觉和听觉都很灵敏，因而不少种类可以被训练成警犬，有的可帮助人类打猎、牧羊等，是人类不可缺少的伙伴。图为德国牧羊犬。

　　这个印象来自于一次握手，是我从用手指尖触摸他们的嘴唇，或者从他们在我手掌上轻轻画写字句中获得的。

　　对于你们这些有视觉的人而言，认识一个人是一件多么容易的事情，所得到的结果也是多么地令人满足啊。你们通过观察对方微妙的面部表情、肌肉的颤动、手的摇摆，立刻领悟对方所表达的意愿。但是，你们是否想过要用眼睛仔细观察一个朋友或一个熟人的外部特征，并洞察他的内心呢？你们中的大多数对于一张脸的外部特征总是随随便便地看一看就算了，难道不是这样的吗？

　　比如说，你能准确地描绘出你的五位朋友的面容吗？也许有些人能做到这一点，但是更多人恐怕不行。据我个人的经验，我曾经询问过一些做丈夫的人，当问起他们妻子的眼睛是什么颜色时，他们常常显得很困窘，并不得不承认他们确实不知道。顺便说一下，妻子们还总是抱怨丈夫不注意自己的新服装、新帽子的颜色，以及家内陈设的变化。

　　对于周围的环境，看得见的人总是觉得习以为常，而只有那些最为恢宏和壮丽的景色，才会引起他们的注意。然而，即使是对这些景色，他们也只是看上几眼，便不再给予关注了。每日的法庭问话记录无不透露出"目击者"的眼光是多么不准确。对于同一件事物，不同的人看到的是许多不同的方面。其中有些人看得会比别人多一些，但很少有人能够关注到他们视线内的一切事物。

啊！假如给我三天光明，我应该去看看哪些美好的东西呢？

第一天将会是忙碌的一天。我要把我所有亲爱的朋友们都叫到身边来，长久地凝望着他们的面庞，把他们内在美的外部迹象深深地铭刻在心中。为了能够看到一种生机勃勃的、天真无邪的美，我还要目睹一个新生婴儿的娇嫩的面孔，那是一种没有经历过生活的磨难和挫折的美。我还要看看那些忠实的、可信赖的小狗们的眼睛——我的稳重、宁静的小司格梯、达吉，还有健壮而又懂事的大德恩，以及黑尔格，它们的热情、幼稚而淘气的友谊，使我获得了莫大的安慰。

在这忙碌的第一天，我还要将我房间里的那些简单的、小巧玲珑的家什，仔细地观察一下。我要看看我脚下的小地毯的温暖明媚的颜色，墙壁上精美的图画和那些将房子变成一个家的亲切的小玩意。那些我曾经读过的盲人书籍，我也要用满怀崇敬的目光仔细凝视一番，而对于那些看得见的人所读的书，我的眼光将更加热切。在人生的漫漫长夜中，无论

乡间田园风光

乡村的魅力是城市所不具备的，郁郁葱葱的树丛中掩映着美丽的农庄，清新秀丽的田园风光，潮湿而又浓郁的泥土气息，为人们提供了一个安静、清新的生活环境。

海伦梦想能够亲眼看看自己触摸过的精美的图画。

黎明前的黑暗探因

　　昼夜更替的过渡阶段，由于高空大气分子对于太阳光线的散射不同，从而形成"曙光"和"暮光"。"曙光"是日出前到达地面的光线，其持续的时间叫"黎明"；而"暮光"是日落后到达地面的光线，其持续的时间叫"黄昏"。黎明前的黑暗是最"黑"的，这是地球大气与太阳光相互作用的结果。

是我读过的盲文书籍，还是他人读给我听的那些书，都已经成为了一座辉煌的巨大灯塔，为我点亮了人生及心灵的长长的航道。

　　在我的眼睛能看见的第一天下午，我将到森林里进行一次远足，让我的眼睛陶醉在自然的无穷美丽之中。我将用几个小时来饱览那些经常展现在视力正常的人面前的光辉灿烂的广阔景观。自森林返回的途中，我要走过农庄附近的小路，这样我就能看到勤劳的马儿拉犁的情景(也许我只能看到一台拖拉机了)和那些靠土地过活的人们悠然自得的生活。对于那辉煌夺目的落日奇景，我也要好好地欣赏一番。

　　当黄昏降临之时，我将因凭借人造的光亮看见外物而感到喜悦。当大自然宣告黑暗到来时，人类天才般地创造了灯光，来延伸自己的视力。在能够看得见的第一个夜晚，我将久久不能入眠，充满热情地回味白天所看到的一切。

　　第二天，我要在黎明起身，去看看将黑夜变为白昼的动人奇迹。我将怀着敬畏之心，仰望太阳突破云霞、金光四射的一刹那，而与此同时，沉睡的大地也将被唤醒。

海伦曾抚摸过祖先们使用过的种种工具，感叹远古人类的智慧。

　　我要用这一天对整个世界，从古到今，做匆匆的一瞥。我想看看人类所走过的艰难曲折的路，看看历代的兴衰和沧桑巨变。这么多的东西怎么能在一天内看完呢？当然，这只能通过博物馆。过去我常常参观纽约自然史博物馆，我用手触摸过那里的许多展品，包括展现经过浓缩的地球的历史的物品和陈列在那里的远古时代的居民模型——按照自然环境创造出来的各种各样的动物和肤色各异的人类；还有巨大的恐龙和剑齿象的化石，早在人类出现并以他们的头脑征服动物王国以前，它们就漫游在地球上了；还有那些描述动物、人类进化过程的栩栩如生的图画，那些人类为建造自己的家园而使用的种种工具，还有许多自然史方面的东西。对于这一切，我是多么渴望能够仔细地瞧一瞧啊！

在那个引人注目的博物馆中，那些生动逼真的展览品，我不知道本文读者中究竟有多少人曾经认真细致地观察过一番呢？当然，许多人没有这个机会，但是，我相信即使是许多有机会的人也没有好好利用它。那里确实是你使用眼睛的好地方。你们看得见的人可以在博物馆里度过许多受益匪浅的日子，然而我，借助于想象中的能看见的三天，仅能匆匆地一瞥而过。

我的下一个目的地将是首都艺术博物馆。正如自然史博物馆展示了世界的物质外观那样，首都艺术博物馆将会把人类精神的许多方面都展示出来。在人类历史的整个阶段，人们对于艺术表现的强烈欲望，几乎像对待食物、房屋以及生育一样迫切。在首都艺术博物馆巨大的展厅里，埃及、希腊和罗马等国的精神凭借它们的艺术展览品呈现在我的面前。

通过触摸，我很快辨认出了古埃及众神的雕像。对于帕特农神庙，我通过触摸便能认出它是一件复制品。还有雅典武士雕像那富有韵律的美，阿波罗、维纳斯以及萨莫色雷斯有翼胜利女神都是我指尖上的朋友。而荷马的那副饱经风霜而又长有长须的容貌对我来说尤其珍贵，

当海伦抚摸盲诗人荷马的面容时，她感觉自己读懂了诗人的心。

古埃及众神：古代埃及神话中有很多著名的神灵，如阿努比斯是死神，也是墓地的守护神；贝斯特是猫神；给布是大地之神；哈托尔是爱神，是古埃及所有女神中最美丽的；阿陶姆是落日之神，为众神之首。

通过触摸绘画艺术品，海伦领略到了画家们微妙的情感。

因为他能够深刻地理解盲人们的内心世界。

对于罗马及罗马晚期的那些逼真的大理石雕刻，我的双手曾轻轻抚摸过。米开朗琪罗那感人的英雄摩西石雕像，我的双手也触摸过；我钦佩罗丹的才华，并敬畏哥特式木刻的虔诚精神。所有这些能够触摸的艺术品，对我来说都是极有意义的。

就在这一天，在能看到光明的第二天，我将通过艺术来探索人类的灵魂，我将看见那些凭借触摸所认识的东西。从带有宁静的宗教色彩的意大利早期艺术，一直到带有狂热的想象的现代派艺术，都将在我的面前展现开来。我将细心地观察拉斐尔、达·芬奇的油画，并从科罗的绘画中洞悉大自然。啊，你们看得见的人能从历代艺术中收获到这么多光辉灿烂而富有意义的美！在我对这个艺术神殿的短暂的游览中，我将只能得到一个肤浅的印象。一些艺术家告诉我，一个人如果想对艺术作出正确而深刻的评论，他就必须严格地训练自己的眼光。他必须不断地积累经验，以从线条、构图、形式和色彩方面作出正确的品评。对于这件使人着迷的工作，假如我的眼睛好使的话，我将会多么陶醉啊。然而对于你们看得见的人来说，艺术世界仍是个有待进一步探索的世界。

我依依不舍地离开了首都艺术博物馆，走出了那个隐藏着发掘美的钥匙的地方。但是，看得见的人们往往不需要到首都艺术博物馆去寻找这把发掘美的钥匙，在较小的博物馆中，甚至在小图书馆的书架上，他们同样可以找到。然而，在三天的短暂时间里，我应当挑选一把钥匙，以便在最短的时间内开启藏有最多宝藏的地方。

在我看得见的第二天晚上，我要在剧院或电影院里度过。即使我常常出席剧场的各种演出，但是剧情却必

达·芬奇名作《蒙娜丽莎》

达·芬奇（1452年~1519年），欧洲文艺复兴时期最杰出的画家之一。《蒙娜丽莎》是达·芬奇的著名肖像画作品，体现了画家的最高艺术水平。

须由一位同伴拼写在我手上。我是多么想亲眼看看哈姆雷特的迷人风采，或者看看穿着伊丽莎白时代的鲜艳服饰的生气勃勃的福斯泰夫啊！我渴望注视哈姆雷特的每一个优雅动作，注视精神饱满的福斯泰夫的每一次卖弄！由于我只有看一场戏的时间，这就使我感到非常为难，因为我想看的戏实在太多了！

你们看得见的人可以看到自己喜爱的任何一幕戏。当你们观看一幕戏剧、一部电影或者任何一个场面时，我不知道，对于使你们享受色彩、动作的视觉的奇迹，有多少人会有所感悟，并心存感激呢？在我的手能够触摸到的有限的范围内，我不能感受到任何富有节奏的动作美。我只能模糊地想象一下巴甫洛瓦的风度，虽然我懂得欢快节奏的美感，因为我常常能从地板的震动中去感受音乐的节拍。通过触摸大理石雕像的线条，我能感觉到那种宁静的美。假如凝固了的美都是这么可爱的话，那充满着律动感的美一定更加激动人心。

我最珍贵的记忆之一就是——约瑟夫·杰斐逊让我在他表演可爱的瑞普·凡·温克尔时去触摸他的脸庞和双手。我对戏剧世界就只有这么一点儿短

伊丽莎白一世

伊丽莎白一世（1533年~1603年）诞生于伦敦的普雷森希宫，其父为英国国王亨利八世。伊丽莎白于1559年登基，其在位期间采取一系列措施，解决了当时英国内政外交方面的重重难题，使英国国力达到了极盛的黄金时代。

海伦通过地板的震动，能够感觉到音乐和舞蹈的美妙节拍。

纽约

纽约市位于美国东南赫德森河畔，是美国第一大城市和最大的海港、联合国总部所在地。市内河流和港口众多，交通便利，工业发达，服装、印刷品、化妆品等的产量均居全国首位。

海伦常常从长岛森林山幽静的小屋出发，去往热闹的都市。

暂的触摸，但就是那一瞬间的快乐，我也将终身难忘。啊，我是多么渴望观看和倾听戏剧表演中的精彩对白和动作啊！而你们看得见的人能从中获得多少乐趣啊！如果我能够看到哪怕是一场戏，我就能把我读到或听说过的近百部戏剧的场景弄得一清二楚。

第二天清晨，怀着发现新的快乐的渴望，我将再次去迎接那初生的朝阳。因为我深信，那些能看见的人肯定能发现，每天的黎明都具有不同寻常的美。今天是我能够看得见的最后一天。在这一天，我将仔细体会一下普通人的平平淡淡的生活。而除了纽约，你还能在别的什么地方发现这么多的人类的活动和这样纷繁的场面呢？于是我便选择了这个城市。

我从长岛森林山我那幽静的乡间小屋出发，在这里，在碧绿的草坪、苍翠的树木、艳丽的鲜花的包围下，有一片整洁小巧的房屋，它的四周到处洋溢着女人和儿童们的欢声笑语，真是城市劳动者的最好的休憩场所。当我驱车驶过伊斯特河上的钢带式桥梁时，目睹人类的伟大智慧，我的眼界大大地开阔了。河上的船只络绎不绝，有发出嘎嘎鸣叫、高速飞驶的小艇，也有慢悠悠、喷着鼻息的拖船。假如在有生之年我能够看得见的话，我要用许多时间来观赏河上的热闹风光。

举目远望，在我的面前耸立着纽约塔，纽约这座城市仿佛是从神话故事中蹦出来似的。那些灿烂的教堂塔尖，那些用石头和钢铁构筑成的河堤——就像是诸神为

自己修建的一般。这幅生动的画面是城市中几百万人民每日生活的一部分。我不知道他们当中有多少人曾仔细地看过。对如此壮丽的景观，他们却视而不见，因为这一切对他们来说再熟悉不过了。

我匆匆爬到那庞大的建筑物——帝国大厦的顶端，因为不久以前，我还站在这里，凭借身边人的眼睛，"俯视"过这座城市。我渴望把我的想象和现实作一番比较。我相信，展现在我眼前的美丽动人的景色一定不会令我失望，因为对我来说，它将是一种别具生面的景象。

假如能够拥有视力，海伦希望能仔细看一看身边的每一个人。

此时，我开始周游这座城市。首先，我站在最繁华的街角，看一看川流不息的人群，凭借观察，我想对他们生活中的某一个侧面有所了解。看到他们微笑，我感到欣慰；看到他们的果敢，我感到骄傲；看到他们痛苦，我产生怜悯之情。

我漫步到第5大道，把我的视野从聚精会神的注视中解脱出来，以便不去关注具体的东西，而只看看万花筒般五光十色的景象。我深信，那些穿梭在人群中的女性的服饰的色彩，一定是令我百看不厌的美丽景观。但是，假如我和普通人一样看得见的话，我也会像大多数女性一样——只对个别服装的时髦式样产生兴趣，而对群体的灿烂色彩并不怎么注意。而且，我还深信，我将成为一位在橱窗前流连忘返的老顾客，因为，观赏那些绚丽多姿的陈列品，无疑是一种极大的享受。

我从第5大道开始，做一番环城游览——我要到花园大街去，到贫民窟去，到工厂去，到孩子们玩耍的公园去。通过参观外国人居住区，我做了一次不离本土的

帝国大厦

帝国大厦位于纽约市曼哈顿区中城第5大道上，为一座钢铁结构、矩形的灰色高塔式建筑。在1973年世界贸易中心大楼和1974年芝加哥的西尔斯塔楼相继建成之前，帝国大厦一直是全球最高的建筑，曾有"第一大厦"的盛誉。

如果能够拥有视力，海伦希望自己能亲眼看一看身边那些快乐的孩子。

纽约时代广场

时代广场是纽约市第 7 大道和第 43 街交会而成的一个狭长的广场。它得名于美国 1904 年除夕落成的纽约时代大楼。从这一年起，每到除夕，纽约人都会在这里举行盛大的新年晚会。这里也是繁华的娱乐中心，剧院、影院、餐厅、夜总会等吸引着无数的观光者。

海外旅行。我始终睁大眼睛关注幸福和悲惨的全部景象，以便能深入调查，进一步了解人们的工作和生活的情形。

我心中充满了对人和物的向往。对于任何一个细小的场景，我的眼睛绝不会轻易放过，我会密切关注我所看到的每一件事物。有些景象令人愉快，使人陶醉；但有些则是极其凄惨，令人伤感的。对于后者，我绝不会闭上自己的双眼，因为它们也是生活的一部分。在它们面前闭上眼睛，就等于关闭了心房，禁锢了思想。

我能看得见的第三天即将结束了。在剩下的这几个小时里，也许还有很多重要而严肃的事情等着我去做，但是，我担心在这最后的一个夜晚，我会再次跑到剧院里去，去看一场热闹而有趣的戏剧，仔细领略一下人类精神世界的精髓。

到了午夜，我从盲人的苦境中脱离出来的短暂时刻就要结束了，漫漫黑夜将再次将我包围。在过去短短的三天内，我当然不可能看到我想要看到的一切，也只有当黑暗再次降临到我的世界中时，我才意识到我不曾看到的东西实在太多了。然而，我的内心充满了甜蜜的回忆，这使我很少有时间去懊悔。今后我每触摸到一件物品，我的记忆中都会浮现出它鲜活的形象。

假如有一天你也不幸成为盲人的话——你或许并不赞成我的这一番如何度过重见光明的三天的想法，也许你会做出自己的安排。但是我深信，假如你真的面临那种噩运，你的目光将会尽量投向你从未见过的事物，并将它们永久地储存在自己的记忆中，以便在今后漫长的黑夜中细细地品味它们。你将比以前更好地利用自己的眼睛。你目光所及的每一件东西，对你来说都是那么珍贵，你将细细观赏你视线内的每一件物品。而后，你将真正看到，一个美好的世界正展现在你的面前。

我，一个盲人，给你们看得见的人一个建议，给那些善于利用视觉天赋的人们以忠告：善用你的眼睛吧，就仿佛明天你将遭遇到失明的灾难。这同样适用于人类的其他感官。用你的耳朵细细聆听乐曲的妙音，鸟儿的歌唱，管弦乐队的铿锵有力的旋律吧，就仿佛明天你将遭遇到耳聋的噩运。抚摸每一件你想要抚摸的物品吧，就仿佛明天你的触觉将会衰退。闻闻所有鲜花的芳香，品尝每一口佳肴吧，就仿佛明天你再也不能嗅闻和品尝。请充分利用每一个感官，利用自然提供给你的形形色色的渠道，好好地享受世界赐予你的所有愉快而美好的细节，并为之深深地自豪吧！不过在所有的感官中，我相信视觉感受一定是最令人心旷神怡的。

管弦乐器

管弦乐器包括管乐器和弦乐器。管乐器包括音色丰富的木管乐器（如芦笛）和音量宏大的圆柱形钢管乐器（如小号）。弦乐器（如小提琴）由于弦的振动而发音，音色优美。

海伦觉得世界上的每一种声音都值得去聆听。

1

凯勒家园

当海伦·凯勒回顾自己的一生时，心情是忐忑不安的。

当回顾自己的一生时，我的心情是忐忑不安的。在即将揭开童年生活的朦胧面纱时，我心中有一种畏惧感。要将自己一生的经历写下来，是一项艰巨的任务。当我试图再现童年的往事时，却发现事实与记忆已经相去甚远。这或许是女人总爱用幻想来编织童年时的美好画面吧。在我的脑海中，对童年的记忆已经模糊不清。儿时的喜怒哀乐，现在早已失去了当时的强烈感受。而随着人生经历的逐渐增多，童年的许多记忆也已经逐渐被淡忘了。为了避免冗长乏味的叙述，我将只选取人生中最有趣、最重要的情节，展示给大家。

我于1880年6月27日出生在美国亚拉巴马州北部的一个小镇——塔斯坎比亚镇。我的曾祖父卡斯帕·凯勒是从瑞士移民到马里兰州的。我的一个瑞士祖先是苏黎世第一位教盲人的老师，他还写过一本关于聋哑教育的著作。有句俗语说"国王祖上做过奴隶，奴隶祖上当过国王"，我的那位瑞士祖先万万没有想到，他的后代中会有一个又聋又哑的人，这不禁令人感叹命运的无常。

瑞士

瑞士位于中欧的南部，是一个发达的工业化国家。国内社会安定、经济繁荣、人民富足。

我的祖父在亚拉巴马州购买了大片土地，并在那里定居下来。当时的塔斯坎比亚镇是一个偏僻的地方，祖父每年都要骑马到760英里以外的费城购置生活用品。他每次去费城时，总会写信报告平安。信中对旅途中的所见所闻、当地的风俗民情等都有详尽的描述。那些书信总是被家人反复翻看，仿佛一部精彩的小说，其中充满惊险和情趣，引人入胜。这些信至今还被姑妈珍藏着。

我的父亲阿瑟·H.凯勒曾担任过南北战争时的南军上尉，母亲凯特·亚当斯·凯勒比父亲年轻很多，是父亲的第二任妻子。我的外祖父查尔斯·亚当斯出生在马萨诸塞州的纽伯里波特，后来迁居到了阿肯色州的凯勒拿。内战爆发后，外祖父加入南方军队作战，并成为一名上尉。外祖母露西·海伦·埃伍莱特来自埃伍莱特家族（著名的爱德华·埃伍莱特和基督教神学家爱德华·埃伍莱特·黑尔博士就是这个家族的成员）。内战结束后，外祖父全家搬到了田纳西州的孟菲斯市。

在病魔夺去我的视力和听力之前，我一直住在一幢小屋里。小屋里有一个大房间和一个小房间，佣人就住在小房间里。当时南

内战：内战即美国南北战争（1861年～1865年），是美国第16任总统亚伯拉罕·林肯领导的北部联邦为废除奴隶制，和南方奴隶制联盟之间展开的一场战争。战争以北部联邦获胜告终，奴隶制逐渐得到废除。

海伦的家人兴致勃勃地读着祖父的来信。

玫瑰

玫瑰属落叶灌木，茎干上生有小刺，花朵艳丽，多为紫红色或白色，有香气，可供观赏，花瓣可用来做香料、蜜饯等。

方有一个传统，就是在家族的宅院附近建一所小房子，以备不时之需。内战后我父亲就建了一所小房子，和我母亲结婚之后，他们就住了进去。小屋上青藤缠绕，爬满了蔷薇和金银花，远远望去，就像是一座凉亭。小小的门廊也被黄色蔷薇和南方茯苓覆盖了，于是这里成为蜂鸟和蜜蜂的乐园，整日洋溢着欢快的啁啾和嗡嗡的鸣叫声。

凯勒家族的房屋距离我们的这个蔷薇小舍只有几步之遥。那所房屋被称为"常春藤园"，因为房子四周的树木和篱笆都爬上了漂亮的英国常春藤。房子的老式花园是我儿时的天堂。

早在莎莉文老师到来之前，我就经常顺着花园四周的坚挺的黄杨木篱笆摸索前进，循着沁人心脾的香气，找到初绽的玫瑰和百合。那段时间我性情暴躁，每当发过一顿脾气之后，我就会来到花园，将脸深深埋进清凉的树叶和青草中，寻找些许安慰。我时常陶醉在花丛之中，来来回回地踱步，有时忽然摸到它们的花朵和叶子，就会知道这是爬满了花园尽头那座破败的凉亭的青藤。这是多么惬意的事情啊，每当这个时候，我总是特别地快乐。

发过一通脾气后，海伦便到花园中寻找安慰。

花园里还有摇曳生姿的铁线莲、低垂的茉莉以及稀有的叫做蝴蝶百合的香花，它们娇嫩的花瓣仿佛蝴蝶的翅膀。但是，我最喜欢的还是蔷薇花。它们总是从门廊上长长地垂下来，使得四周充满了未被尘世玷污的清香。清晨沐浴着露水的花瓣摸上去

是那么柔软，那么纯洁，使我觉得它们就像是开在上帝花园里的日光兰。

我的降生与每个孩子一样简单。从呱呱坠地开始，便被家庭的每一个成员奉为掌上明珠，每个家庭的第一个孩子总是这样。家人都说第一个孩子不能随便起名，于是我的父母为此绞尽了脑汁。父亲说要用梅尔德里德·坎贝尔，这是他非常尊敬的一个先辈的名字；而母亲则坚持用外祖母婚前的名字海伦·埃伍莱特。

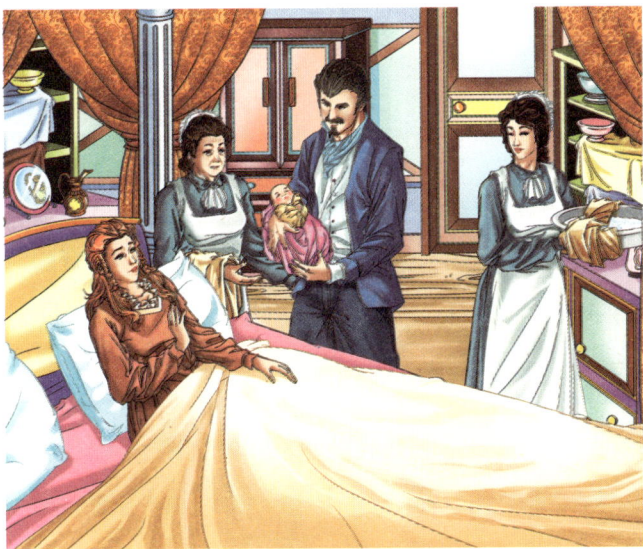

海伦的出生给整个家庭带来了喜悦。

不料在去教堂的路上，父亲一时高兴，竟把名字给忘记了。这毫不奇怪，因为这并不是父亲想要给我取的名字。当牧师问起我的名字时，父亲只记得要随我的外祖母的名字，于是就叫我海伦·亚当斯——这是外祖母婚后的名字。

在我未学会走路之时，我就表现出了强烈的主见和求知的欲望。不管看见大人们做什么，我都要去模仿。6个月大的时候，我就能说出"你好"了。有一天我清楚地说出"茶，茶，茶"，这使家里所有的人都感到惊奇和喜悦。

直到病魔来袭之后，我仍然记得几个月大的时候学会的一个字，那就是"水"。在丧失听力和视力后，在我忘记了其他所有的单词之后，我依然会发出"喔"的音来。直到我学会了拼写"水"这个单词，我才不再发这个音了。

大人们说我1岁的时候就开始走路了。有一次母亲把我从澡盆里抱出来，放到她的膝盖上，我忽然发现光

喔：指水的英文单词"Water"的第一个字母"W"的发音。

教堂

教堂为基督教举行宗教仪式的场所，盛行于欧洲，大致有三种建筑风格：一为圆形拱顶，表现了对宇宙形状的认识；二为尖顶瘦高型，象征信徒们摆脱束缚，奔向天国；第三和不讲究外表，但内部华丽，装饰美观。

海伦正要去追影子，忽然跌倒在地。

知更鸟：知更鸟体长约20厘米，在亚洲、欧洲和北美洲都有分布。知更鸟因其多彩的羽毛和婉转的歌声深受人们喜爱。

秋天树叶变色的原因

秋天树叶往往会变成黄、红等色，这是因为叶子中含有叶绿素、叶黄素等色素。叶绿素使叶子呈现绿色，但到了秋天，温度的降低使叶绿素消失，叶黄素开始发生作用，使叶子变为黄、红等色。

滑的地面上有树叶的影子婆娑起舞，于是滑下母亲的膝盖，几乎是跑着向那影子追了过去。可是刚迈开步子，我就跌倒了，于是哭喊着让母亲把我抱起来。

这样快乐的日子并没有持续多久。春天有知更鸟和嘲鸟啁啾鸣叫，夏天果实累累花朵满园，秋天是一片金黄和深红的世界，她们都在一个渴望快乐的孩子的脚旁留下了珍贵的礼物。然后，在一个沉闷的2月里，病魔蒙住了我的双眼，堵住了我的耳朵，将我扔进了一个毫无知觉的世界。我的病被医生诊断为急性脑充血。他说我可能活不了多久了。然而在一天早上，我的高烧奇迹般地消退了，和它悄然来袭时同样不可思议。那天早上全家一片欢声笑语，当时，大家都不知道我再也听不见、看不见了。

至今，我仍依稀记得那场病来袭时的情景，尤其是当我在疼痛中辗转不安的时候，母亲努力抚慰我的那份无限的温柔。记得在高烧退后，我睁开枯涩的眼睛，只见眼前一片黑暗，恐惧、悲伤和绝望一瞬间占据了我的整个身心。然而，除了这些短暂的记忆，所有的一切都似乎是大梦一场。我渐渐地习惯了周围的黑暗和无声的寂静，直到我的家庭老师——莎莉文小姐的到来。她减轻了我心中的负担，点燃了我心中的烛火。

虽然我只拥有过19个月的光明和声音，但我却仍然清晰地记得广阔的绿色家园、蔚蓝的天空、青翠的草木、争奇斗艳的鲜花，所有这些都永远铭刻在我的心中。

2
童年的记忆

生病后几个月的事，我几乎都记不起来了，只知道自己总是坐在母亲膝头，或者当她忙于处理家务的时候抓着她的裙角。我用双手去摸索每一件物品，"观察"别人的每一个动作，就这样学会了很多东西。我感觉到我需要与别人交流，于是开始做一些简单的动作，摇摇头表示"不"，点点头表示"是"，拉表示"来"，推表示"去"。想要面包的时候，我就模仿切面包，然后在面包上涂黄油的动作。想要母亲做冰激凌，我就会缩着脖子，然后打冷颤。而母亲总是竭尽所能地做出各种动作，让我理解她的意思。她想让我帮她拿东西的时候，我总是能会意，然后自己跑上楼去或到她指定的地方去拿。在漫长的黑夜里，母亲的爱和智慧给我带来了光明。

冰激凌

冰激凌是用冰水加各种甜料制成的冰冻食品，其中含有多种营养，如蛋白质、维生素等，可以消暑解渴。但由于冰激凌中也含有大量的糖和脂肪，容易使人变得肥胖，不宜多吃。

我渐渐地学会了该如何去处理生活中的一些事。5 岁的时候我就知道把衣服从洗衣房拿回来叠好，还能把自己的衣服单独区分开来。从母亲和姑妈梳洗打扮的情形，我就能判断她们是否要出门，这时我总是央求她们带我一块去。有客人来的时候，家人会让我出去陪他们，而当客人走时，我会向他们挥手告别，因为我还依稀记得这个手势的意义。

海伦在母亲处理家务的时候抓着她的衣角。

记得有一次家里有重要的客人来访，我"听"到前门开关的声音，就知道是有客人

海伦忙着梳妆，准备接待客人。

来了，于是飞快地跑上楼去，穿上一件会客时的衣服，然后学着母亲的样子在镜子前往头上抹油，在脸上擦了厚厚的粉，把面纱用发夹固定在头发上，让它轻垂在脸上，然后，我又找了一件宽大的裙子穿上，下楼去帮他们接待客人。

不记得是从什么时候起，我开始意识到自己和别人不一样了，这应该是在莎莉文老师到来之前的事。我注意到当母亲和朋友们与别人交谈时，并不是像我一样打手势，而是用嘴巴说话。有时我会站在两个正在谈话的人之间，用手去触摸他们的嘴唇，可是我仍然无法明白他们的意思，于是我就很气恼。我拼命地扭动嘴唇，想做出各种口型，结果却无济于事。这使我无比懊恼，于是就大发脾气，又踢又叫，直到筋疲力尽为止。

面纱：在18至19世纪西方的某些国家，妇女在外出或接待客人时都要戴上面纱。这种习俗与西方人的宗教信仰有关。

我知道自己有时是无理取闹，知道保姆被我踢伤了以后会很疼，每次发完脾气，我心里也很愧疚。然而当事情不顺我的心意时，我又会重复那些顽劣的行径。

在那些日子里，我有两个朝夕相处的伙伴，一个是叫做玛莎·华盛顿的黑人小女孩，另一个是一只年老的猎狗，名叫贝利。玛莎能懂得我的手势，我能毫不费力地让她按我的吩咐行事。我乐于对她发号施令，而她宁肯为我做任何事情，也不愿惹恼了我。

火鸡

火鸡，也叫吐绶鸡，是鸟类的一种，嘴大，头部有红色肉质的瘤状突起，脚长，羽毛有黑、白、深黄等颜色。火鸡肉是西方庆祝感恩节的常用食品。

我顽皮好动，性情冲动又不顾后果。我非常了解自己的个性，总是喜欢我行我素，做事从来不顾后果。很多时候，我都跟玛莎在厨房度过，我们喜欢揉面团，做冰激凌，或是喂喂火鸡，有时也会为了几块点心而争吵半天。这些火鸡一点儿也不怕人，它们会在我手上吃食，并乖乖地让我抚摸。有一天，一只大火鸡竟斗胆把我手中的番茄给抢走了。也许是受到它的启发，我们将厨娘刚烤好的大蛋糕偷出来，吃了个精光。不料我们吃坏了肚子，吐得一塌糊涂，不知那只火鸡是否也同样受到了报应。

珍珠鸡喜欢躲在隐蔽处筑巢，而我最喜欢在密密的草丛里寻找它们的蛋。我不能直接告诉玛莎"我要去找蛋"，但我可以将两手合成圆形，并把手放到草丛里，示意里面有某种圆形的东西。玛莎很快就明白了我的意思。若是有幸找到了蛋，我绝不允许玛莎把蛋带回家，我会用手势告诉她我担心她会把蛋摔在地上。

谷仓、马厩以及乳牛场一直是我和玛莎最喜欢的地方。挤奶工人给牛挤奶的时候我会用手触摸奶牛，而我的好奇心也总是惹得奶牛发怒。

为圣诞节做准备也是一件大快人心的事，虽然我不明白过节的意义，但屋子里总是弥漫着诱人的香味，大人们还会让我们磨香料、挑葡萄干、舔舔那些搅拌过食物的调羹。我也模仿别人把长袜子挂起来，然而我对它并不怎么感兴趣，也不会像别的

圣诞之星

在西方，不论是否基督徒，过圣诞节时都要准备一棵圣诞树，树上装饰着各种灯烛、彩花、玩具等，挂着琳琅满目的圣诞礼物。而每棵树的顶端必定有个特大的星星，象征东方三博士跟随该星而找到圣婴耶稣。

一只大火鸡从海伦手中抢走了番茄。

忍冬

　　忍冬属多年生半常绿缠绕灌木，又名金银藤、鸳鸯藤、左缠藤。花蕾名金银花。其带叶的茎枝名忍冬藤，可做药材。

孩子那样天不亮就爬起来看袜子里装了什么礼物。

　　玛莎也和我一样淘气。在7月酷热的午后，我会和玛莎坐在阳台的石阶上。一个肤色黝黑，毛茸茸的卷发用鞋带扎起来，看起来像很多螺丝锥长在头上。另一个则皮肤白皙，生着一头长长的金黄色卷发。一个大约8、9岁，另一个6岁。年幼的是个盲童——那就是我。

　　我们开始是坐在石阶上忙着剪纸娃娃，但过不了多久就厌倦了这种游戏，于是就开始剪鞋带，后来还将石阶边的忍冬叶子也剪得粉碎。突然间我的注意力转向玛莎头上的那些"螺丝锥"，一开始玛莎还拼命挣扎，但最终拗不过我的倔强。作为交换，玛莎也剪了我的一缕头发，若不是母亲及时发现并赶来制止，我的头发很可能被玛莎剪光了。

　　我的另一个玩伴是贝利，也就是那只老猎狗。也许是年老的缘故，贝利总是喜欢躺在暖炉旁睡觉，并不陪我玩耍。我用尽各种手势让它明白我的意思，可它根本

　　海伦要用剪刀去剪玛莎的小辫儿，玛莎只好屈服。

就不想学。我气急败坏了就会对它拳打脚踢，这时它才会无精打采地爬起来，伸伸懒腰，嗅一嗅暖炉，然后又在另一端躺下。我筋疲力尽，只好到厨房去找玛莎。

关于童年的很多回忆虽然与事实相去甚远，却深深地烙在了我的脑海之中。在那段寂静黑暗的岁月里，这些情景给我留下了极其深刻的印象。

海伦将打湿的围裙放在炉火前烤。

有一天，我不小心把水溅到了围裙上，于是便把围裙捧起，来到卧室的暖炉边，想用微弱的火苗把围裙烤干。围裙干得很慢，我索性凑到跟前，结果把围裙伸到了火红的炉火上，围裙"嗖"地一下着了起来，瞬间点燃了我的衣服。我吓得尖声大叫，保姆赶了过来，用一条毛毯把我裹住，差点儿没把我闷死，但她把火扑灭了。幸好我烧伤得并不严重，只是手和头发着了点儿火。

也就是在这个时期，我发现了钥匙的妙处，并对它的使用方法表现出浓厚的兴趣。有一天早晨，我玩性大发，将母亲锁在了储藏室里。仆人们都在屋外干活，母亲在里边拼命敲门，我却坐在走廊前的石阶上，因感受着强烈的震动而幸灾乐祸地笑。这次恶作剧使母亲决定找个老师来教导我。于是，我的家庭教师莎莉文小姐来了。但是我本性难移，找个机会也将她锁在了屋里。有一次，母亲让我上楼给莎莉文老师送东西。我拿着东西上了楼，等莎莉文老师刚接过东西，我就"砰"地一声把门关上，并赶紧上了锁。我将钥匙藏在客厅角落的衣柜下，无论父母如何劝说，也不肯将钥匙交出来。后来父亲急得没法，只好拿了一把梯子将莎莉文老师救了出来，当时我得意极了。直到几个月之后，我才拿出了那把钥匙。

暖炉

西方的暖炉多为壁炉，即就着墙壁砌成的生火取暖的设备，有烟囱通到室外。

3

我的父亲母亲

海伦学父亲的样子举起报纸来看。

我5岁的时候，全家从那所爬满青藤的小屋搬到了一所大房子里。家里有父亲、母亲，两个同父异母的哥哥，后来又来了一个小妹妹，叫梅尔德里德。

我对父亲最初的记忆是他总在报纸堆里坐着，手里举着一张报纸凝神地看。我不明白父亲在干什么，于是就学着他的样子举起一张报纸，还戴上他的眼镜，以为这样就可以知道谜底。但直到多年以后我才意识到，那些纸都是报纸，父亲当时还是一家报社的编辑。

父亲性格温和，仁慈而宽厚，非常顾家。除了狩猎外，他很少离开我们。家人都说他是个好猎人，还是个神枪手。除了家人，父亲最爱的就是他的枪和猎狗。他非常好客，几乎到了过分的地步，每次回家都要带着客人。

父亲最拿手的就是整理果园。人们都说父亲种植的西瓜和草莓是全村最好的。父亲总是把最先成熟的葡萄和最好的草莓摘给我，让我品尝。他常常领着我在瓜田和果林中散步，看着我欢蹦乱跳地跑来跑去，他就非常开心。父亲还是讲故事的能手，在我学会认字之后，他就把许多有趣的事情拼写在我的手掌上。而他最

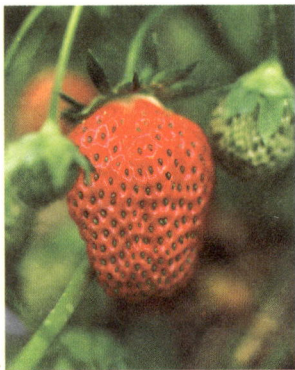

草莓

草莓属多年生草本植物，植株矮，有匍匐茎，叶子椭圆形，花白色。其果实多汁，味道酸甜，可食用。

开心的莫过于听我复述他讲过的那些故事。

当父亲去世的时候，我还在北方享受夏日的时光，那是 1896 年。他得了一场急病，经受了一番病痛的折磨后就匆匆离开了人世。这是我生平第一次体会到生离死别的切肤之痛。

我该怎样来描述我的母亲呢？我们之间是那样地亲密，以致我不知该从何说起。

从呱呱坠地开始，我就享受着父母的疼爱，过着无忧无虑的生活。但妹妹的到来扰乱了我平静的生活，很长时间内我都将她当作一位不速之客。妹妹经常坐在母亲的膝头，而过去那曾经是我的领地。此外，妹妹夺去了母亲对我的疼爱和眷顾。后来又发生了一件事，对我来说简直是不可容忍。

那时，我有一个心爱的洋娃娃叫南希。南希是我的心爱之物，同时也是我发脾气时的牺牲品，因而已经被我"折磨"得很破旧了。有一天我把南希放在摇篮里，学着母亲的样子哄它睡觉，并不许任何人接近那个摇篮。可是这天我竟然发现妹妹躺在那个摇篮里，可以想见我当时有多么生气，我不顾一切地冲过去，用力把摇篮给推翻了。若不是母亲及时赶来，一把接住了妹妹，她没准就被我摔死了。我和妹妹在一起时根本就体会不到亲密之情，因为我那时还不懂真正的亲情和友爱之情。但后来等我懂事之后，我和妹妹变得亲密无间，我们手拉着手四处瞎逛，尽管她看不懂我的手语，我也听不见她咿咿呀呀的童音。

摇篮：供婴儿睡觉的家具，形状略像篮子，多用竹或藤制成，可以左右摇动，使婴儿容易入睡。

海伦和妹妹在野外散步。

4

漫漫求学路

随着年龄的增长，我渴望将自己的思想和情感表达出来的愿望也越来越强烈，几种简单的手势已经明显地不够用了。而每次不能让别人了解我的意思时，我就会大发脾气。我感觉自己被一只无形的魔爪给牢牢抓住了。

我拼命地想挣扎，虽然这种挣扎总是无济于事，但我内心的抗争意识还是越来越强。每次斗争的结果都是我精疲力竭地停了下来。如果母亲此时刚好就在身边，我会一头扑进她的怀里寻找安慰，可是此时已经悲痛得连发脾气的起因都忘记了。我越来越迫切地想要表达自己的愿望，发脾气的次数越来越多，有时一天要爆发好多次。

发过脾气之后的海伦痛苦地偎在母亲的怀中。

父母看到我这样只会暗暗难过，可是他们也不知该怎么办。我们居住的塔斯坎比亚镇附近根本没有聋哑学校，而且也不会有人愿意到这么偏远的地方来教一个又聋又哑的学生。我的亲友们甚至都怀疑我能不能接受教育。后来母亲从查尔斯·狄更斯的《美国札记》中找到了一线希望。

母亲在这本书中读到了

关于萝拉·布里奇曼的故事，隐约记得萝拉和我一样是聋盲人，但是她后来受到了教育。可是让母亲失望的是，发明盲聋人教育方法的郝博士已经去世多年，他的方法很可能也已经失传了。就算这些方法没有失传，可是又有什么办法能让一个居住在亚拉巴马州的偏远小镇上的小女孩受益于它呢？

在去往巴尔的摩的列车上，小海伦玩得非常开心。

大约在我6岁的时候，父亲听说巴尔的摩有一位著名的眼科大夫，曾成功地治愈了许多盲人的病。为了让我重见光明，父母立即决定带我到那里去试一试。

这是一次非常愉快的旅行，至今我仍难以忘怀。在火车上我结交了很多朋友。一位女士还送给我一盒漂亮的贝壳，父亲把这些贝壳都钻了孔，让我用线将它们穿起来。我拿着这些贝壳玩了很久，沉浸在无限的快乐和满足中。列车长对我也很和蔼，他每次来查票或检票时，我都牵着他的衣摆走来走去。他还让我玩他检票的打孔机，我对这个新玩具十分好奇。很长时间我都蜷缩在座位的一角，用打孔机往小纸板上打孔，并百玩不厌。

姑妈用毛巾给我做了个简单的布娃娃，这个娃娃看起来十分滑稽，连眼睛、耳朵、嘴巴、鼻子都区分不出来。即使凭借孩子丰富的想象力，也不能将它想象成一

贝壳

贝壳是软体动物（蚌、海螺等）的外壳。在古代社会，贝壳曾被用作货币；在现代社会，贝壳因为外形多姿多彩而深受人们喜爱，常被用作装饰品。

贝尔博士十分喜欢小海伦。

亚历山大·格雷厄姆·贝尔

亚历山大·格雷厄姆·贝尔（1847年~1942年），美国19世纪伟大的科学家，电话就是他的发明之一。贝尔一直是海伦忠实的朋友，给了海伦物质和精神上的诸多帮助。

张人脸。我对娃娃别的地方倒没在意，只是对没有眼睛这一点不能容忍。我不断地向大人们强调这一点，可是他们都没有办法给它安上眼睛。

后来我灵机一动，钻到座位底下摸索了半天，找到姑妈缀着大珠子的披肩。我用力扯下两颗珠子，示意姑妈把它们缝在娃娃脸上。姑妈不明白我的意思，疑惑地拿起我的手摸摸她的眼睛，我使劲地点头。

珠子缝到娃娃脸上后我十分开心，但很快又对那个娃娃失去了兴趣。整个旅途中我没有发一次脾气，因为有太多的新鲜事吸引了我的注意，让我的脑子忙个不停。

到了巴尔的摩后，我们立即去找奇泽姆医生，他热情地接待了我们。检查一番后，他对我的病也表示无能为力。不过他说我可以接受教育，并建议我们去华盛顿找亚历山大·格雷厄姆·贝尔博士，说他也许会提供一些有关聋哑学校及师资的资料。

父亲立即听从了这个建议，带着全家人启程去华盛顿。一路上父母忧心忡忡，而我却完全不了解他们的苦衷，因为旅途中有趣的东西实在太多了。

尽管那时我还是个孩子，但当我见到贝尔博士的时候，立即就感觉到了他的温存和热情。他曾经帮助过很多人，并因为出色的业绩而赢得了盛誉。

贝尔博士把我抱到他的膝盖上，把他的手表拿给我玩儿，并特意让表报时，让我可以感觉到表的振动。贝尔博士懂我的手势，这让我立刻喜欢上了他。当时我并没有意识到，和贝尔博士的这次会面竟会成为我一生的转折点，从此我从黑暗走向光明，从孤独走向友爱，从懵懂走向了知识和智慧。

贝尔博士建议父亲写信给波士顿柏金斯盲人学校的校长阿纳格诺斯先生，问问他有没有适合我的教师。贝尔博士还告诉我们，郝博士生前就是在波士顿柏金斯盲人学校研究关于聋哑人的教育方法的。

我父亲立刻照办，给阿纳格诺斯先生写了一封信。几个星期后我们接到了一封热情洋溢的回信，信里告诉我们一个振奋人心的消息：适合我的教师已经找到了。这个消息令全家人都十分兴奋。这是1886年夏天的事，但等到我的教师莎莉文小姐来到我们家时，已经是第二年的3月份了。

就这样，我走出了埃及，站在了西奈山前。我感觉一股神奇的力量注入了我的心灵，使我获得了光明，看到了许多奇景，我还听到圣山上发出了这样的声音："知识给人以爱，给人以光明，给人以智慧。"

埃及胡夫金字塔

世界公认的七大奇迹之一首推埃及开罗的吉萨金字塔群。此塔群位于埃及吉萨省，其中胡夫金字塔体积最大，高度为137米。

走出了埃及，站在了西奈山前：此处寓意引自《圣经》中《出埃及记》，摩西率领希伯来人经历千辛万苦，离开埃及，摆脱奴役。西奈山是上帝向摩西显灵之处，为基督教传说中的圣地。

海伦一家收到柏金斯盲人学校的来信后，非常高兴。

5
一生中最重要的事情

指南针

指南针是一种装有磁针，用于探测地球南北两极的仪器。指南针的发明和应用，推动了世界航海事业的发展和文化交流。

海伦静静地等待莎莉文老师的到来。

我一生中最重要的一天，就是安妮·莎莉文老师来到我身边的那一天。这是 1887 年 3 月 3 日，当时我才 6 岁零 9 个月。这一天的到来使我的生活产生了截然不同的变化，直到今天想起，我仍然觉得是个奇迹。

那天下午，我站在走廊上默默地等待着。我从母亲的手势和家人忙忙碌碌的样子中隐约感觉到将有不寻常的事情发生，于是我跑到阳台上，安静地待着。

午后的阳光穿透遮满阳台的金银花叶子，倾洒到我微微扬着的脸上。我抚弄着那些为迎接春天而绽开的花朵，不知道将会有什么奇迹发生。接连几个星期我都被愤怒、苦恼的情绪所包围，此时早已疲倦不堪。

朋友们，你可曾经历过在茫茫大雾中航行的情形，你紧张地驾驶着一条大船，小心翼翼地驶向对岸。你的心在恐惧与焦急中煎熬，唯恐有意外发生。在未见到莎莉文老师之前，我正像迷失在大雾中的航船，身边既没有指南针也没有探测仪。我无法知道海港是否已经临近，心中焦急万分，因此我在心底无声地呐喊着："光明！光明！快给我光明！"而就在那个下午，爱和光明开始降临到我的身上。

我感觉到有脚步向我靠近，以为是母亲来了，于

莎莉文老师送给海伦一个崭新的布娃娃。

是朝她伸开双手。一双温暖的手握住了我的手，把我拉进她的怀中。她是莎莉文老师，我的家庭教师，是一个带给我知识和真理，并把全部的爱倾注在我身上的可敬的人。

第二天一早，莎莉文老师将我带到她的房间，将一个崭新的布娃娃放到我的手中——后来我才知道这是柏金斯盲人学校的孩子们赠送给我的礼物，娃娃的衣服还是萝拉·布里奇曼亲手缝制的。我拿着布娃娃兴冲冲地玩了一会儿，这时莎莉文老师握住我的手，在我的手掌上一遍又一遍缓慢地拼写出"Doll"（洋娃娃）这个单词，她的这一举动使我对手指游戏大感兴趣，于是立即模仿着拼写。当我最终能正确地拼写出这个单词时，我的心中充满了自豪，高兴地涨红了脸。我立即跑下楼去，找到忙碌中的母亲，把刚学会的单词拼给她看。

当时我并不知道自己是在学习单词，甚至根本不知

萝拉·布里奇曼：萝拉·布里奇曼是已知的第一个受到教育的聋哑人，进柏金斯盲人学校学习时年仅7岁。查尔斯·狄更斯在自己的《美国札记》中曾描述了他和布里奇曼会面时的情景。

海伦将布娃娃摔坏了，莎莉文老师将它清扫干净。

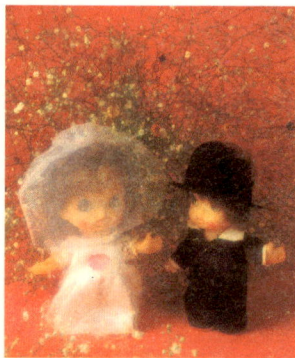

布娃娃

布娃娃是指用布做成外衣，用棉花等材料填充在内做成的一种娃娃形状的玩具。这种玩具往往外表精美，样式新颖，是女孩子们喜爱的玩偶。

道世界上还有单词这回事。我不过是满怀兴趣地模仿莎莉文老师的动作而已。在接下来的时间里，我学会了拼写很多单词，诸如"别针"（Pin）、"杯子"（Cup）以及"坐"（Sit）、"站"（Stand）、"行"（Walk）等。在莎莉文老师教了我几个星期后，我才知道原来世界万物都有自己的名字。

这天，我正在玩我的新布娃娃，莎莉文老师来到我的身边，她将我原来的那个布娃娃放在我的膝头，开始在我手心拼写"Doll"这个单词，想让我明白新布娃娃和旧布娃娃一样都可以叫做"Doll"。而在这之前，莎莉文老师为教会我弄懂"杯子"和"水"这两个单词，已经费了很大的心思。她想让我明白"杯子"是"杯子"，"水"是"水"，可我却总是把两者混为一体。万般无奈之下，她只好将这个问题暂时丢开，想教我练习"Doll"这个单词。而我对她这种反复尝试的方法已经十分厌烦，便抓起新布娃娃往地上狠狠一摔。当布娃娃被摔坏时，我感到了一种发泄后的快乐。我对自己的这种举动没有丝毫的愧疚，因为我根本就不喜欢那个布娃娃。在我无声而寂静的黑暗世界里，根本就没有真正的喜爱之情。莎莉文老师把摔坏后的布娃娃扫到壁炉边，这时我感到一种满足，因为令我不快的东西已经被处理掉了。老师把我的帽子递给我，我知道她要带我去外面晒太阳了。这个想法——如果一种不能用文字来表达的思想可以称之为想法的话，让我高兴地跳了起来。

我们循着一阵清香来到了水井边，原来水井旁的蔷薇花正在开放。这时正好有人汲水，莎莉文老师把我的一只手放到水流下面，让清凉的水流在我的手心蔓延，这时她在我的另一只手上拼写"水"（Water）这个单词。我静静地站着，把全部的注意力都集中在她手指的动作上。突然间，我感觉有股神奇的力量在我脑中激荡，我仿佛一下子领悟了语言的奥秘，原来"水"就是指在我手心流过的这种清凉而奇妙的东西。这个奇妙的单词唤醒了我的灵魂，给我带来了光明、希望、快乐，让我的心灵重获自由。当然它还没有完全获得自由，还面临很多障碍，但这些障碍总有一天会被全部扫除的。

这一次经历使我的求知欲望油然而生。原来宇宙万物都拥有自己的名字，而我每学会一个名字都会产生新的思索。我对周围的每一件事物都充满了新奇的感觉，我碰到的所有东西似乎都拥有生命。我想起那个被我摔坏的布娃娃，便摸索着来到壁炉跟前，拾起碎片，想把它们拼凑起来，但结果是徒劳的。我平生第一次对自己的所作所为感到羞愧，并流出了悔恨的泪水。

那一天我学会了不少单词，印象最深的是"父亲"（Father）、"母亲"（Mother）、"妹妹"（Sister）、"老师"（Teacher），正是它们使我的世界变得花团锦簇，美不胜收。那个夜晚我独自躺在床上，心中充满了喜悦。平生第一次我盼望新的一天快点到来，那时我觉得自己是世界上最幸福的孩子。

蔷薇花：蔷薇花又名白残花，自古就是名花佳卉，为蔷薇科落叶小灌木野蔷薇的花朵。野蔷薇喜生于路旁、田边丘陵地的灌木丛中，花色很多，有白色、浅红色、深桃红色、黄色等，花香诱人。

莎莉文老师让海伦感觉水流，并在她的手上拼写"水"(Water)这个单词。

6

拥抱自然

田纳西河：美国东南部的河流。该河发源于弗吉尼亚州，向西汇入密西西比河的支流俄亥俄河，地跨弗吉尼亚、北卡罗来纳、佐治亚、亚拉巴马、密西西比、田纳西和肯塔基 7 个州。流域内雨量充沛，四季如春。

我至今仍清楚地记得 1887 年莎莉文老师到来之后发生的很多事情。在井旁的那次经历，触发了我对每一件事物的强烈兴趣。我整天用手去摸索我接触到的东西，并努力记住它们的名字。我学到的东西越多，就越觉得高兴和充满信心，因为我与外部世界的联系越来越密切了。

当繁花似锦的夏季来临，莎莉文老师牵着我的手漫步在田纳西河岸边的田野上，那里的人们正在翻新土地，为播种做准备。我们在河边温软的草地上坐下。在这里，我第一次感受到了大自然对人类的恩惠。

莎莉文老师带着海伦在田间散步。

我懂得了阳光雨露使树木茁壮成长，带来美丽的风景和累累硕果；懂得了鸟儿怎样筑巢，抚育幼儿，怎样随着季节的变化而迁徙；懂得了松鼠、鹿、狮子和其他动物怎样觅食，怎样适应环境而栖息。我了解的事情越多，就越感到自然的伟大和世界的美好。

莎莉文老师早就教会我从粗壮的树木、细嫩的草叶，甚至我妹妹的那双小手中去发现美。很久以后她才教我算术和描述地球形状的方法。她把我同知识的最早接触同自然联系起来，使我同花鸟结成愉快的伙伴。

但是在这段时间里发生了一件事，使我明白大自然并不总是那么慈爱可亲。

那是一个明朗的清晨，我和莎莉文老师散步到了一个较远的地方。我们出去的时候天气还很好，但在回家的路上已变得闷热起来。一路上我们不得不几次停下来在路旁的树阴下歇息，最后一次停到了离家不远的一棵野樱桃树下。树下很凉爽，树枝茂密，很容易攀登，莎莉文老师帮助我爬上了树，在树干上坐了下来。

待在树下真是凉快舒畅，于是莎莉文老师提议在这儿吃午餐。我兴高采烈地答应，并承诺会乖乖儿地坐在那里，等她回去把午饭拿来。

但当我在等待的时候，我感觉到周围的情况不妙。空气变得冰冷而潮湿，我知道太阳已消失在雨雾中。一股独特的气味从地面上散发出来，我感觉到这是暴风雨

一阵狂风摇撼着大树，把海伦吓得瑟瑟发抖。

樱桃

樱桃属落叶乔木或灌木，叶子呈长卵圆形；花白色或粉红色，白色花略带红晕；果实球形，红色，味甜，可以食用。

莎莉文老师及时赶到, 将海伦从树上抱了下来。

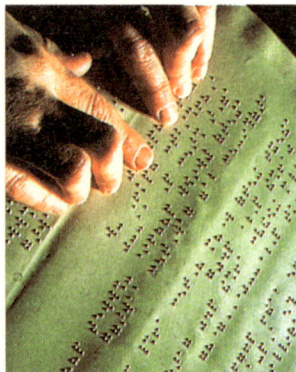

海伦"看"书的方法

　　海伦·凯勒阅读的是盲文书籍。这种书籍上刻有盲文符号, 海伦可通过触摸盲文符号, 认出学习过的字词, 领悟文章的意思。

来临之前的预兆。一种恐惧感袭上我的心头。

　　我感觉到自己完全孤立, 亲人们都远离了我, 并且我还离开了脚下厚实的大地。我呆呆地坐着, 浑身冷得发抖, 只盼着莎莉文老师快点儿赶来, 而眼下最想做的还是从树上下来。

　　突然眼前变得十分沉寂, 顷刻之间树叶又哗啦作响, 一股强风狠命刮来, 树身剧烈地摇晃起来。我吓得紧紧抱住树枝, 这才没被狂风卷下树来。

　　狂风将树枝摇晃得越来越厉害, 落叶和折断的小树枝雨点般向我打来。我一时冲动, 想从树上跳下来, 但终究因为害怕没有下来。

　　我感觉到大地在剧烈地震动, 有什么沉重的东西砸到了地上, 震动一直传到了我坐着的树干上。我在极度惊恐中几乎要叫出声来, 害怕自己将会和树一起倒下。

　　这时莎莉文老师赶了过来。她紧紧抓住我的手, 把我从树上抱了下来。我紧紧依偎在她的怀中, 浑身仍在发抖, 但高兴的是自己总算接触到了坚实的大地。从这次经历中我上了生动的一课, 原来大自然有时也会毫不留情地对待她的儿女, 在它那温柔美丽的外表下面还隐藏着狂暴的躁动。

　　经过这次惊心动魄的体验, 我在很长一段时间内都不敢爬树, 甚至一想到爬树就吓得浑身发抖。我最终克服这种恐惧心理, 是由于实在抵挡不住含羞树满树幽香的诱惑。

那是春日的一个美丽的早晨，我独自一人在花园的凉亭下"看"书。空气中弥漫着淡淡的幽香，似乎是春天的女神刚刚光顾过这个小小的庭院。我伸出双臂，想拥抱这股迷人的幽香。"这是什么香味儿？"我问自己，但随即就感觉到这是含羞树独特的香气。我知道它就在花园篱笆旁边小路的拐角处，于是摸索着向花园的那一头走去。

含羞树：含羞树属多年生常绿观赏植物，树高4~5米，枝叶茂盛，枝干多刺。这种树只要一受到外力刺激，树枝和树叶就会"害羞"地抖动起来。

我摸到了含羞树，它正享受着春日的阳光，繁花盛开的枝条微微颤动，几乎下垂到长满青草的地面。我从没见过世界上有如此美妙的景色。它那娇艳的花朵只需轻轻一碰就会娇羞地躲闪，风吹过时花瓣簌簌落下，美得像是从天上下凡到人间的仙女。

我穿过落英缤纷的草地，在大树前犹豫了片刻，便把我的一只脚伸到枝杈上，爬上了树。我爬得很吃力，因为树干很粗，粗糙的树皮划破了我的手，但我有一种美好的感觉：我感到自己正在做一件了不起的事情。

海伦被迷人的花香吸引，不由向含羞树上爬去。

我沿着树干一直往上爬，直到我摸索到放置在树上的一个小凳子。它好像已经被放上去很久了，此时已经牢牢地长在树干上，成为这棵大树的一部分。

我在树上待了很久，充分地享受着拂面而来的花香和那种心旷神怡的感觉，快乐得就像坐在云端的仙女。从那以后，我经常独自溜到树上，让思绪尽情飞扬，浮想联翩，沉醉在难得的快乐时光中。

7

爱的启迪

莎士比亚：莎士比亚（1564年～1616年），英国17世纪最著名的作家，在戏剧创作方面造诣极高。其代表作有戏剧《哈姆雷特》、《麦克白》、《罗密欧与朱丽叶》等，均收录在《莎士比亚全集》中。

海伦和莎莉文老师用手语交流。

现在，我已经掌握了语言的钥匙，我急切地想使用它。

通常，听力正常的孩子轻而易举就可以学会说话。他们听到别人说话就可以轻松地模仿并很快学会。但对于一个耳聋的孩子来说，学习语言是一个备受煎熬的痛苦过程。无论这个过程如何艰辛，结果总是令人欣慰的。我从每一件东西的名称慢慢学起，起初连发出个别音节都含糊不清，但到了后来，即便是莎士比亚那些扣人心弦的诗句，我也能轻松地读出来了。

起初，莎莉文老师教给了我很多新东西，但是我很少发问，因为此时我还没有学会思考，掌握的词汇还很有限。但随着对外界的了解逐渐增加，我的词汇量日渐增多，头脑中也开始产生一个个疑问。我常常会对一件事物多次发问，想把它了解得更加透彻。有时学会一个新的单词，我会因此联想起从前的种种经历，这样就能比较牢固地记住这个单词。

记得有一天早晨，我第一次向莎莉文老师问起"爱"这个单词的意思，当时我认识的词汇还不多。事情的起因是我在花园里摘了几朵初绽的紫罗兰送给老师，老师高兴地想吻我。可我那时除了母亲之外，不愿意让任何别的人吻我。老师感觉到了这一点，她便用一只胳膊轻轻地搂着我，用柔软的手指在我的手心缓缓写出了"我爱海伦"几个字。

我对老师的这句话大感兴趣，便问道："爱是什么？"

老师把我搂得更紧了，同时用手指着我的心说："爱在这里。"

我平生第一次感觉到了心脏的跳动，但对老师的话依然迷惑不解，因为我当时只懂得能够触摸到的实实在在的东西。

我闻了闻老师手中的紫罗兰，一边做着手势，一边在手心拼写道："爱就是花的香味吗？"

"不是。"老师回应我道。

莎莉文老师在海伦的手心上拼写"我爱海伦"四个字。

我低下头又想了想，感觉到太阳光正温暖地照射在我的头上。我指着太阳射来的方向问道："这就是爱吗？"因为在我看来，世界上没有比太阳更好的东西了，是它赐予了热量，使万物能够苗壮生长。但老师却继续摇头，这使我感到既困惑又失望，老师为什么就不能明明白白地告诉我什么是爱呢？

几天以后，我和莎莉文老师在算术课上练习穿珠子。珠子大小不一，要按两个大、三个小的顺序把它们穿起来。我老是出错，老师在一旁耐心地指导我，一遍又一遍地为我纠正错误。到了最后，我自己也发现有一大段穿错了，于是就低下头认真思索该怎么穿才

紫罗兰

紫罗兰是多年生草本植物，叶子长圆形或倒披针形；花紫红色，也有淡红、淡黄或白色的，有香气，供观赏；果实细长。

莎莉文老师在海伦的手心上拼出"想"字。

云

云是悬浮在大气中的小水滴或冰晶微粒或两者混合而成的可见聚合体，遇到冷空气即可产生雨滴。云的形态各异，成因也各不相同，但都是卷云、积云和层云的混合或变体。

对。这时老师碰碰我的额头，在我的手心重重地拼写出了"想"字。

这时突然有一道灵光闪过我的脑际，我恍然大悟，原来我脑中正在进行的动作就是"想"。这是我第一次领悟到一个抽象的概念的含意。

然后我静静地在原地坐了许久，头脑中想的不是手上的珠子，而是如何努力用学会的新方法去探寻"爱"的意思。那天天空中乌云密布，夹杂着阵阵的细雨，但是突然之间，太阳突破了云层，发出耀眼的光芒，将温暖赋予大地。

我又问老师："爱是不是太阳？"

"爱有点儿像太阳出来以前天空中的云彩。"老师回答说。她似乎意识到我仍然困惑不解，便又用更加浅显的话语解释道："你摸不到云彩，但你能感觉到细密的雨点。要知道，在经过一天酷暑的煎熬后，花儿和大地能得到雨水的润泽，会是多么高兴呀！爱也是摸不着的，但你却能感觉到爱所带来的甜蜜。没有爱，你就不会觉得快乐，就将丧失一切乐趣。"

刹那间，我明白了老师话语中蕴涵的道理——我感觉到有什么东西将我的心和别人的心紧紧地联系在一起了，而那个东西就是"爱"。

从教给我知识的第一天起，莎莉文老师就像对待其他听觉正常的孩子那样和我对话，唯一不同的是，她要把每一句话拼写在我的手上，而不是对我说出来。当我找不到合适的词语和句子来表达自己的思想时，老师就会提示我；当我无法与别人正常沟通时，她也会在旁边帮助我。

手势语言：莎莉文给海伦讲授了使用手势语言的方法。利用手势语言，盲人之间可以互相交流。

这样的学习过程延续了许多年，因为对于一个耳聋的孩子来说，即使是学会日常交流中最简单的词汇和表达方式，也不是在一个月或两三年内就能做到的。正常的孩子学会说话要靠不断地重复和模仿，他们听到大人们说话，脑子里就会自然而然地产生很多联想，同时学会表达自己的思想。但耳聋的孩子要做到这一点却十分困难。

莎莉文老师意识到了这一点，并想方设法弥补我的缺陷。她一遍遍地给我重复别人说过的话，用手势语言告诉我怎样和别人交谈。但在很长一段时间内，我都不敢主动和别人交谈，而且直到很久以后我才学会在什么场合该说什么话。

莎莉文老师经常带着海伦在户外学习，让海伦体会到学习的乐趣。

聋人和盲人很难领会谈话中言语之外的意义。那些既聋又盲的人遇到的困难则不知要大上多少倍。他们无法辨别他人的语调，而没有别人的帮助，他们是无法领会语调中所包含的不同含义的。他们看不见说话者的面部表情，而这往往是领会说话人真实意图的关键所在。

8

快乐的学习

我接受教育的第二个阶段是学习阅读。

当我能用字母拼写几个字后，莎莉文老师就给我做了一些硬纸片，上面有凸起的字母。我很快就明白了每一个突起的字母都代表一个物体、一种动作或特征。家人给我做了一个框架，让我用写着单词的纸片在框架里摆出简单的句子。但我在用这些硬纸片排列短句之前，习惯于先用实物把句子表现出来。我找出写有"娃娃"、"在"、"床"和"上面"的硬纸片，将每个硬纸片放在它们所代表的物体上，然后再把娃娃放在床上，在旁边摆上写有"在"、"床"和"上面"的卡片，这样既造了句，又生动地表现了与句子有关的内容。

这天，莎莉文老师让我把写有"Girl"（女孩）这个单词的纸片别在自己的围裙上，然后站在衣柜里，把"Is"（是）、"In"（在……里）、"Wardrobe"（衣柜）这几个单词放在衣柜里的架子上，我对这个游戏十分感兴趣，并马上和老师玩了起来。我们一玩就是几个小时，几乎把屋子里的东西都摆成了句子。

拼纸片的游戏不过是迈向阅读的最初阶

纸片：海伦曾在《我的老师安妮·莎莉文》一文中讲述到莎莉文的纸片教育法："安妮的教学设备是一叠硬纸卡，每张卡上印了简单的字，每个字都从卡上凸起，我可以用手指触摸着阅读。"

海伦用硬纸片结合实物造句。

海伦凭触觉"读"书。

段。不久，我开始拿起"启蒙读本"，兴致勃勃地在上面寻找那些已经学会的字，找到的时候就像玩捉迷藏时逮着一个人那样兴奋不已。就这样，我开始了阅读——我将在以后的章节中描述自己是怎样开始读小说的。

在很长一段时间内，我上课并没有什么课程安排和规律。即使是学得非常认真的时候也像是在玩游戏而不是在上课。莎莉文老师无论教给我什么东西，也总是用一些美丽的故事和动人的诗篇来加以诠释。如果发现我对她讲的东西饶有兴致，她就会不厌其烦地讲个不停，好像她自己也变成了一个小女孩。通常孩子们讨厌的课程，如语法、复杂的运算或抽象的概念，在她的耐心指导下，我学起来都兴致盎然。现在这些已成了我最美好的回忆。

莎莉文老师能洞察我的心事，我喜欢什么，想要什么，她都深深地了解。这或许是她长期和盲人打交道的

启蒙读本

海伦所用的"启蒙读本"是区别于普通书籍的凸印本，其文字是凸起在书页表面的。盲人通过触摸文字，即可进行阅读。通过触摸图中所示的布、纸、软木、沙纸等，可锻炼触觉。

海伦触摸着棉花的花朵，感受其柔软的纤维和棉籽上的绒毛。

蠡斯：昆虫，身体绿色或褐色，触角呈丝状，有的种类无翅，雄虫的前翅有发音器，雌虫尾端有剑状的产卵管。蠡斯善于跳跃，以小动物为食，有的也吃植物，是农林害虫。

青蛙

　　青蛙身体短小，后腿有力，通常靠跳跃行进，既可生活在地面上，又能游动于水中，属于两栖动物。青蛙是农作物害虫的天敌，保卫庄稼的卫士。

缘故吧。莎莉文老师有一种奇特的描述事物的才能。无论多么枯燥的细节，经过她的叙述，都能变得生动而有趣。她从来不会指责我没有按时交前一天的功课。她用生动逼真的话语将枯燥无味的知识循序渐进地讲给我听，使我想忘都忘不了。

　　莎莉文老师经常带我到户外去，我们在阳光弥漫的树林里读书、学习。我在户外学到的东西总是与树林里树脂的香味儿和野葡萄的芬芳交织在一起。

　　有时我坐在浓郁的树阴下，觉得世间万物都是值得我学习的东西，每一件事物都有它的可爱之处。嗡嗡作响、低声鸣叫、婉转歌唱或含苞待放的一切生物都是我学习的对象。我常常捉住大嗓门的青蛙、蠡斯和蟋蟀，等待它们发出各种奇妙的叫声。还有毛茸茸的小鸡、绽开的野花、山茱萸花、河边的紫罗兰和刚抽出新鲜树枝的果树，都曾引起了我极大的兴趣。我还用手指抚摸棉花柔软的纤维和棉籽上的绒毛，感受风吹过玉米地时玉米叶飒飒地抖动，还有那被我们抓住的正在吃草的小红马发出的愤愤的喘气声，它口中刺鼻的苜蓿味我至今难以忘怀。

　　有时候天刚亮我就爬起床溜到花园里去，那时花草上还蒙着浓浓的露水。有谁能体会到在手心放上一朵柔软的蔷薇花时是多么惬意，百合花在微风中轻轻摇曳时我又是多么欣喜若狂。采集鲜花时我有时会突然抓到一只小昆虫，我能感觉到它们举翅欲飞时产生的细微的振动。

莎莉文老师有时也带我到果园里去。在那里，7月初果子便成熟了。毛茸茸的大桃子伸手可及；微风吹过树林时会有熟透了的苹果滚落在地。我把落到脚旁的苹果捡起来，用围裙兜着，将脸贴在苹果上，感受着苹果上太阳的余温，然后快乐地跑回家中。那种感觉是多么的美妙啊！

我和莎莉文老师最喜欢到凯勒码头去散步，我们在那儿一待就是好几个小时，一边玩耍一边学习地理知识。我们用鹅卵石搭造河堤、小岛和湖泊，还动手挖出一条条小河，我做这些时只是觉得好玩，根本不知道在玩乐中也学习了地理知识。

莎莉文老师给我描述又大又圆的地球，还给我讲述火山喷发时怎样将整座城市淹没，河流上的冰川如何移动等有趣的事情，每次我都听得津津有味。她还用黏土为我做出立体的地图，我可以用手触摸到那些凸起的山脊、凹陷的山谷和蜿蜒曲折的河流。我非常喜欢这些东西，只是对地球上复杂的气候带分布和两极总是混淆不清。莎莉文老师为了更形象地描述地球，便用线来

火山喷发

火山喷发是一种自然现象。当地球表层的压力低于地球内部时，地球深处的岩浆等高温物质便从地壳裂缝中喷涌而出，堆积在地面，岩浆凝结后便形成锥形的火山。

莎莉文老师在给海伦上生动的地理课。

鹦鹉螺

鹦鹉螺是一类古老的软体动物，有"活化石"之称。它们生活在亚热带、热带几百米深的海底，用触手在海底爬行。鹦鹉螺的背上覆盖着一层硬壳，形似鹦鹉嘴，故此得名。

代表一根根的经线和纬线，用一根树枝代表贯穿南北极的地轴，这样的演示是那么的生动逼真，以至于只要有人提起气候带，我的脑子里就会浮现出一连串纵横交错的线圈。莎莉文老师利用这样的模型使我明白了白熊原来是生活在北极的。

算术是我唯一不感兴趣的功课。从一开始我便对那些抽象的数字不感兴趣。莎莉文老师想到用线串上珠子来教我数数儿，通过摆弄木棍来学习加减法。但我总是摆几次就失去耐心，有时做完几道算术题就觉得已经完成任务，心安理得地找同伴们玩去了。

我对动物学和植物学的学习也是在这种寓教于乐的方式中进行的。有一位先生（他的名字我已经想不起来了）寄给我一些有着美丽花纹的贝壳化石，印着小鸟爪印的沙岩以及蕨类植物化石。这些化石为我打开了一扇通向远古世界的大门。我忐忑不安地倾听莎莉文老师讲述远古时代那些可怕的野兽，它们的名字古怪而且很难发音。这些猛兽在远古时代的森林中到处游荡，撕碎大树的枝叶当食物，但后来却死在了沼泽地中。很长一段时间里我都经常梦见这些怪兽，它们所处的阴暗可怕的地质时期同现在形成了鲜明的对照。我生活的地方

莎莉文老师让海伦触摸化石，并给她讲解相关知识。

阳光普照，鲜花竞放，田野中还回荡着我那匹小马的悦耳的蹄声。

还有一次，别人送给我一个美丽的贝壳。我饶有兴致地听莎莉文老师讲述小小的软体动物如何给自己建造出色彩斑斓的安身之所；在水波不兴的静谧的夜晚，鹦鹉螺如何乘着它的"珍珠船"泛舟在蔚蓝的印度洋海水上。在我了解了许许多多有关海洋动物生活习性的知识和趣闻后，莎莉文老师给我读了《驮着房子的鹦鹉螺》一书，并且告诉我，人类智慧的发展就如同软体动物建造甲壳的过程。正如鹦鹉螺可以用自己神奇的外膜吸收海水中的物质并将它转化为自己身体的组成部分那样，人类也同样从外界吸取点点滴滴的知识，并将它们转化为自己的智慧宝库中耀眼的珍珠。

海伦用手指感觉蝌蚪的游动。

从植物的生长中我也学到了很多东西。莎莉文老师送给我一株百合花，我将它放在阳光灿烂的窗台上。很快，一个个嫩绿的花蕾就冒了出来，花蕾外包着的叶子慢慢地绽开，如同人的纤细手指一般，好像不愿让人窥见里面艳丽的花朵。可一旦开了头，叶子张开的速度便加快了，但仍然是井井有条，丝毫没有打乱原有的秩序。最为神奇的是花朵中总有一朵格外硕大美丽，它开放的姿态也比其他的显得更加雍容华贵，好像知道自己是神圣的百花之王似的。她的其他姐妹们则腼腆地缓缓脱下绿色的头巾，最后，整个枝头都挂满了怒放的花朵，芬芳袭人。

在家中摆满了花盆的窗台上，有一个球形玻璃缸，里面养的是一群蝌蚪。我兴奋地将手指伸进水里，感觉到蝌蚪在我的手指间自由自在地游动。一天，一个胆大的家伙竟然跳出鱼缸，掉在地板上，等我找到它时，它

百合

百合是多年生草本植物，鳞茎呈球形，白色或浅红色，可以吃，也可入药；花呈漏斗形，白色、绿色或黄色，供观赏。

天空为什么是蓝色的

天空呈现蓝色是由于太阳光的散射作用。太阳光有七种颜色，其中赤、橙、黄、紫四色的光线波长较长，散射力强，能穿透云层到达地面；蓝、青、绿三色的光线波长较短，不能穿透云层，被散射在天空中。青、绿两种光线易被大气吸收，天空中只剩下蓝色光线，就呈现出蓝色。

莎莉文老师帮助海伦在对自然的了解中增长知识，寓教于乐。

已经奄奄一息了。而一旦把它放回水中，它就快速地潜入水底，又快活地游动起来。现在它既然已经跳出过鱼缸，见识了外面的世界，就会心甘情愿地待在这美丽的玻璃房子里，直到有朝一日变成神气活现的青蛙为止。那时它就会跳进花园尽头绿树成荫的池塘中，用它那动听的歌声把夏夜装点成美丽的世界。

就是在这样快乐的时光中，我学到了很多东西。莎莉文老师为我打开了一扇窗户，引导我走向了外面的世界。这个世界充满着喜悦和惊奇，我身边的一切都充满了爱意。老师从不放过任何一个让我体会万物之美的机会，她每时每刻都在设法使我的生活变得更加美好。

莎莉文老师总是抓住最佳的时机对我进行教育，让我在轻松快乐中学习。她懂得孩子的心就像一条小溪流，沿着河床缓缓地流淌，忽而映照出美丽的花朵，忽而映照出一丛灌木，忽而又映照出朵朵轻云。她用尽心思给我引路，因为她明白，我的心也像小溪一样，需要山涧泉水的滋润，然后才能汇成大江大河，在平静的河面上映照出连绵的山峰、蔚蓝的天空、苍翠的树木和娇艳的花朵。

每个老师都能把孩子领进教室，却不能迫使孩子们主动地学习。孩子们只有在自由自在不受拘束时，才会心甘情愿地学习知识。我感觉自己与莎莉文老师是一个密不可分的整体，我永远也无法分清，我对所有美好事物的喜爱有多少是与生俱来的，又有多少是老师赐予我的。老师已成为我生活中的一部分，我生命的足迹是踏着她的脚印前进的。我生命中所有美好的东西都属于她，我的才能、抱负和欢乐，无不是被老师的爱唤醒的。

9
欢度圣诞节

莎莉文老师来到我家后的第一个圣诞节是我的一件大事，我至今仍记忆犹新。在这之前，我从来没有体会过节日所带来的快乐。那段时间内家里的每个人都在为我准备一份意想不到的礼物，而最使我快乐的是，我和莎莉文老师也在为其他人准备精美的礼物，想给他们一个惊喜。我对这个有趣的行动感到兴奋不已，整天猜想着家人会送给我们什么礼物。

海伦在和莎莉文老师玩猜谜游戏时学到了很多单词。

家人也千方百计地想激起我的好奇心，他们故意给我一星半点儿的暗示，或者在关键时刻欲言又止，这极大地激发了我的兴致。我和莎莉文老师兴致勃勃地猜测别人会送给我们什么礼物，我在这个过程中学到了比课堂上多得多的单词和句子，应用语言的能力也得到了前所未有的锻炼。每天晚上我们都围坐在暖烘烘的火炉前，饶有兴致地玩着这种猜谜游戏，享受着惊奇和喜悦的激情。随着圣诞节的一天天临近，我们的兴致越来越高了。

圣诞前夜，塔斯坎比亚学校的孩子们邀请我和他们一起欢度佳节。教室中间立着一棵漂亮的圣诞树，上面挂满了各种各样的水果，在柔和的灯光下闪着美丽的光。那是一个多么幸福的时刻啊，我兴奋不已，围

圣诞节的起源

圣诞节本为基督徒纪念基督教创始人耶稣诞生的纪念日，后来渐渐发展成风靡西方世界的全民节日。节日中人们装点圣诞树，举行欢庆活动，互相走访。图为反映耶稣降生的绘画。

海伦十分喜欢金丝雀，并全心全意地照料它。

圣诞树

在西方，圣诞节期间，人们都会在家中和其他欢庆场合摆放圣诞树。圣诞树以松树为主，上面装饰有五彩的灯饰，并悬挂玩具、水果等各种小物件，光彩眩目。

着圣诞树又唱又跳。当我得知每个孩子都可以得到一份礼物时，更是高兴极了。

他们还好心地让我给大家分发圣诞礼物，让我更深刻地体会参与到节日中的快乐。我忙得不亦乐乎，将礼物分发到了每一个人的手中，甚至没来得及看看自己的礼物是什么样儿的。

我更加迫切地希望圣诞节马上来临，因为莎莉文老师告诉我，家人会送给我更好的礼物。不过她劝我耐心等待，因为明天一早我就会知道礼物是什么样的了。我被说服了，带着那份刚得到的礼物，我心满意足地向同伴们告别回家了。

平安夜我把长筒袜挂在床上以后，就躺在床上假装睡着了，因为我想等着圣诞老人到来，看看他是什么样子的，还有他怎样把礼物放到我的长筒袜里。整个晚上我努力地支撑着，几次试着将干涩疲倦的眼皮重新睁开，但是后来实在困得不行，便抱着新得的洋娃娃和白熊睡着了。

第二天早上我比谁起得都早，我跑去唤醒家里的每一个人，对他们说："圣诞快乐！"这是我第一次祝福别人节日快乐，整个过程中我感到开心极了。家人也为我的变化感到十分惊喜，他们的脸上露出了久违的笑容。

这一天我收到了数不清的礼物，除了塞得满满的长筒袜外，我还在桌子上、椅子上、门槛以及窗棂上发现了许多意想不到的礼物，几乎是每走一步都会在屋中碰到包装精美的礼物。

莎莉文老师送给我的是一只灵巧的金丝雀，我对这个礼物尤其喜欢，简直是爱不释手。我为这只金丝雀取名蒂姆。小蒂姆既灵巧又温顺，它常常在我手指上跳来跳去，用它尖尖的小嘴触摸我的手指，并啄食我手上的樱桃蜜饯。

莎莉文老师教会我如何喂养小蒂姆，我开始全心全意地照料它。每天早上吃完早饭后，我都会从院子中打来清凉的井水，将小蒂姆的羽毛和爪子清洗得干干净净，并把它的笼子细心地打扫一遍。我还在它的小杯子里装满新鲜的草籽和清水，最后还不忘把一串鲜绿的小草挂在它的小秋千上，供它玩耍。

一天早上，我像往常一样把小蒂姆放在窗台上，然后去井旁打水，准备给小蒂姆洗澡。我回来时一打开门，就感觉到有一只猫从我的脚底下飞快地溜了出去。

起初我并没在意，但当我把一只手伸进笼子后，没有摸到小蒂姆的翅膀，它的小爪子也没有自动跳到我的手指上来。一种不祥的预感开始涌上我的心头，我知道这个可爱的小歌唱家已经永远地离开了我，它再也不会亲昵地吻我的手指尖，而我也不能抚摩它光滑而漂亮的羽翼了。

金丝雀：金丝雀是一种体形较小的鸟类，它的羽毛呈金黄、白等色，翅膀尖而长，足短，淡红色，四趾朝前。金丝雀生活在热带岛屿上，捕食小虫。它的喉部有很发达的黏液腺，所分泌的唾液在空气中凝成固体，是筑巢的主要材料。

海伦和金丝雀建立了亲密的关系。

10

波士顿之旅

糖果

糖果是以白砂糖、淀粉糖浆（或其他食糖）以及允许使用的甜味剂为主要原料，按一定生产工艺加工制成的固态或半固态甜味食品。糖果种类繁多，味道甜美，包装精致，深受人们喜爱。

在去波士顿的途中，海伦兴致勃勃地听莎莉文老师讲述窗外的风景。

我一生中的第二件大事，便是 1888 年 5 月的波士顿之行。从做好出发前的种种准备，到临行前莎莉文老师、母亲与家人告别的情景，旅途中的种种经历及见闻和最后抵达波士顿的种种情形，至今还历历在目。

这次旅行和两年前去巴尔的摩求医的旅途完全不一样了。此时的我已不再是当时那个情绪激动、坐立不安、时刻需要人照顾的孩子了。我安安静静地坐在莎莉文老师身旁，专心致志地听她给我描述车窗外所见的一切：美丽的田纳西河，一望无际的棉花地，远处连绵的山丘，苍翠的森林和火车进站后蜂拥而至的黑人。他们笑着向火车上的旅客招手，来到一节节车厢前叫卖香甜可口的糖果和爆米花。

我把心爱的旧洋娃娃南希放在对面的座位上，虽然它已经又破又旧，但它依然是我最好的伙伴。有时当我不那么专注于老师的讲述时，就会想起面前的南希，并把她抱在怀里，不过我确信它大多时间是熟睡着的。

这以后我恐怕再也没有机会提起南希了，它到达波士顿以后就惨遭噩运。到那儿以后，南希全身粘满了泥土——这大概是我在车上喂它吃泥饼的时候弄上去的。柏金斯盲人学校的洗衣工看到南希浑身那么脏，便悄悄把它拿去洗了个澡。可是可怜的南希

海伦一到达柏金斯盲人学校，
就和那里的孩子们交上了朋友。

根本就经受不住水洗。等我再见到它时，它已经变成了一堆皱巴巴的乱棉花，要不是它那一对用珠子做成的大眼睛在狠狠地瞪着我，我简直都认不出它来了。

火车最终驶进波士顿车站的一刹那，我感觉就像一个美丽的童话故事变成了现实。只是"很久很久以前"变成了"现在"，"很远很远的地方"变成了"近在眼前"。

我一到柏金斯盲人学校，就和那里的孩子们交上了朋友。当我知道他们和我一样会手语时，简直是高兴极了，因为我终于可以用自己的语言同他们交谈了。在这以前，我一直像个异国人，说话时还需要翻译来帮忙。而在这里——在萝拉·布里奇曼曾经学习过的地方，我和孩子们可以用手语愉快地交流，这让我感觉好像回到了家。在学校里待了很长一段时间我才知道，原来这里的孩子们也和我一样都是盲人。这令我感到十分惊奇。我只知道自己看不见，却从来没有想到那些围着我又蹦又跳的活泼可爱的小伙伴会和我一样。我至今仍记忆犹新的是，当我发觉他们把手放在我的手上和我谈话，读书时也是用手指触摸时，我心中感到多么意外和难过啊！虽然之前就有人告诉了我这一点，但我一直模模糊

波士顿：波士顿位于美国东北部，紧邻大西洋马萨诸塞湾，是美国新英格兰最大的港口城市。

在去往普利茅斯的旅途上，海伦十分兴奋。

普利茅斯：普利茅斯是美国东部的一座小城，被称为移民村。1620年，一群英国人从本国普利茅斯港出发，横渡大西洋，从此处登陆，抵达美国马萨诸塞州的科德角，成为北美洲的第一批移民。后来移民们为纪念故国的港口，将他们最先抵达的这座小城命名为"普利茅斯"。

大海是怎样形成的

蔚蓝的大海是怎样形成的呢？科学家认为，在几十亿年前，大量的水伴随着从地球内部喷发出来的物质，蒸发到空气中，再通过降雨到达地面，汇集在地上低洼的地方。经过几亿年后，低洼的地方就形成了大海。

糊地认为，既然他们可以听到，那一定会有某种"第二视觉"，所以当我发现这些孩子也和我一样看不见时，我一时无法接受这个事实。但当我看到他们是那么高兴、那么活泼时，便同他们一起沉浸在这种快乐的气氛中，很快就忘掉了痛苦。

在波士顿，和盲童们在一起，我感觉像在自己家里一样自在，对这个新的环境一点也不觉得陌生。日子一天天飞快地过去，每天我都在期盼着新的一天的来临，因为我的每一天都很开心。那时候我几乎把波士顿当成了整个世界，仿佛其他地方根本不存在似的。

在波士顿的时候，我们到克邦山游览了一番。在那里，莎莉文老师给我上了第一堂历史课。当我知道英勇的战士们曾经在这座山上激烈奋战时，内心澎湃着无比的激情，我爬上纪念碑，默默地数着脚下的台阶，想象着当年英雄们爬上高处后，居高临下向敌人射击的情景。

第二天，我们乘船去普利茅斯。这是我第一次乘坐轮船，也是第一次在海上旅行。船上真是热闹极了！但发动机"轰轰"的响声使我误以为是在打雷，竟急得哭出声来，因为一旦下起雨来，我们就不能在外面野餐了！

在普利茅斯，我最感兴趣的是一块巨大的岩石，那是当年移民们登陆时踩过的。我用手抚摸着这块岩石，移民们当年艰苦跋涉的情景便栩栩如生地展现在我的眼前。在参观移民博物馆时，我得到一块普利茅斯岩石的模型，那是一位和蔼可亲的先生送给我的。我时常把它拿在手上把玩，用手指抚摸它那凸凹不平的表面、中心的裂缝以及刻在上面的"1620年"的字样。这时，我的脑海里总是浮现出早期英国移民为开拓家园艰苦奋斗的场景。

他们的辉煌业绩曾在我幼小的心灵里引起了多大的震撼啊！在我看来，他们是最勇敢无畏、最慷慨无私的人。但是若干年后，当我知道他们也曾经迫害过他人以后，又深深地替他们感到羞愧。

在波士顿我认识了不少新朋友，其中有威廉·恩迪科特先生和他的女儿，他们的仁爱和热情使我至今不能忘怀。有一天，我们到贝弗利参观了他们的农场。当我们穿过美丽的玫瑰园时，他们家的两只狗跑来迎接我们，大的叫利昂，小的长着一身卷毛，耷拉着两只长耳朵，叫做弗里兹。农场里有许多马，其中跑得最快的是尼姆罗德，它会把鼻子凑到我的手边让我抚摸，还让我喂糖给他吃，这些都给我留下了美好的回忆。

另外我还记得农场的海滩，那是我第一次到海边的沙滩上玩耍。沙子又柔韧又光滑，同布鲁斯特海滨松散而粗糙的沙子完全不一样。因为布鲁斯特海滨的沙子总混杂着海草和贝壳，令人感到很不舒服。恩迪科特先生告诉我，许多从波士顿启航的大轮船都要经过这里，然后再驶往欧洲。这以后我又多次见到恩迪科特，他永远是那么和蔼可亲。说实在的，我把波士顿称为"好心城"，就是因为他的缘故。

火车

火车是一种装载量大、速度较快的交通工具。早期的火车用煤做燃料，煤燃烧产生的热能转化为火车前进的动力，现代火车主要用柴油做燃料，或者用电力牵引火车前进。

当海伦和莎莉文老师穿过玫瑰园时，有两只狗跑来迎接她们。

11

亲近大海

科德角:科德角是位于美国马萨诸塞州东南部的钩状半岛，是北美洲第一批移民（来自英国）的定居之处。岛上有海滨（如文中提到的布鲁斯特海滨）、湖泊、沼泽和松林等景观，冬暖夏凉，风景优美，于1961年被开辟为"科德角国家海滨区"。

一穿上泳衣，海伦就在沙滩上欢蹦乱跳起来。

在柏金斯盲人学校放暑假之前，学校就安排我和莎莉文老师到科德角的布鲁斯特海滨，和霍普金斯夫人一块儿度假。得知这个消息我非常高兴，因为我曾听到过许多关于海洋的故事，脑子里早就充满了关于大海的神奇而美丽的想象，现在我终于能看到它了。

整个夏天我最生动的记忆就是大海。过去我一直没有机会接近海洋，甚至连海水的咸味都没尝过。不过在一本厚厚的叫作《我们的世界》的书中，我曾欣赏过一段关于大海的生动描写。这使我对海洋充满了好奇，一心渴望能够接触那茫茫大海的汹涌澎湃的波涛，感受一下大海的吼声。现在我的夙愿终于可以实现了，我小小的心脏激动得跳个不停，别提有多兴奋了。

她们一替我换好游泳衣，我便迫不及待地在温暖的沙滩上欢蹦乱跳起来。我毫不犹豫地跳进冰冷的海水中，一下子感受到了巨浪的冲击，波浪把我的身体轻轻托起，这令我快乐得有些颤栗。可是突然之间我的内心感到一阵恐惧，因为我的脚不小心撞上了一块岩石，随后一个浪头打在我的头上。我伸出双手拼命想抓住什么东西，可是我的面前只有海水和一些随风飘来的海草。我拼命挣扎却无济于事，浪花像是存心要捉弄我似的，它恶作剧般地把我抛过来又抛过去，弄得我晕头转向，我真是害怕极了。我已经脱离了广袤而坚实的土地，四面除了不断涌来的汹涌的海浪，似乎所有的一切都不复存在了，阳光、空气、温暖、爱，这一切都远离了我。

最后海浪可能玩腻了，不愿再折腾我了，它像玩厌了它的新玩具一样把我抛向了岸边。我一下子扑到莎莉文老师的怀里，感觉她的双臂是那么柔软，她的怀抱是那么温暖！我从恐惧中恢复过来的第一句话就是："是谁在海水里放了盐啊？"

同大海的第一次亲密接触，使我彻底地领教了它的厉害。打那以后，我再也不敢下海了。我喜欢穿着泳衣，坐在海边的巨大岩石上，当海浪拍打着岩石，激起的水花洒遍我的全身时，一种激动而又颤栗的感觉便会涌上心头。这是多么有趣的事啊！我可以感觉到身下的巨石在猛烈地震动，海中的鹅卵石随着波浪翻滚，海面上的空气也随着狂怒的海浪颤动。虽然海浪在冲向岩石时被

海浪恶作剧地把海伦抛来抛去，海伦害怕极了。

海浪为什么永不停歇

海浪总是不停歇，这是因为有许多因素可以引起海浪翻滚：一是海浪中的热流运动，即海浪在压强的作用下沿着某个方向流动；二是海面上大风的推动；三是海洋中的潮汐。

击打得粉身碎骨，但它丝毫也不畏惧，一次次地向岩石发起进攻，破碎了，退下来，随后又重新聚拢来，积攒所有力量继续进攻。我一动不动地趴在岩石上，被大海的这种力量深深地震撼了。

我在海岸上玩耍时总是迟迟不肯离去。我喜欢迎面扑来的纯净、清新的气息，这使人格外清醒、冷静。岸上的贝壳、鹅卵石、海草以及依附海草生存的小生物，这些都对我有无穷无尽的吸引力，令我着迷。

海伦要把一只巨大的马蹄蟹拖回家中。

一天，莎莉文老师在岸边浅水中捉到一个很奇特的家伙，当时它正在海滩上晒太阳。那是一只体形庞大的马蹄蟹，我一下子就对它产生了兴趣，因为在这之前我从未见过这种动物。我小心翼翼地用手抚摸它，奇怪，它怎么会把重重的房子背在背上行走？突然我心生一念，想到要把它拿回去喂养起来，于是我用双手抓着它的甲壳在地上拖着走。马蹄蟹很重，我费了九牛二虎之力，才走了1英里路。

一回到家里，我立即缠着莎莉文老师，要她把马蹄蟹放在井旁的水槽里，我认为这里会比较安全，也令人放心。但谁知第二天早上我到水槽一看，马蹄蟹竟然不见了！天晓得它跑到哪里去了，我顿时又气又恼。可是后来又觉得既然它不愿意待在这里，我就不应该强迫它，这是不理智的行为。这样过不了一会儿我又觉得高兴起来，心想它大概已经回到大海里去了吧，但愿它在那里会过得开心。

蟹

蟹属于甲壳类动物，主要生活在海滩或河滩上，以鱼、虾等小动物为食。招潮蟹（见图）是蟹类的一种，这种蟹长着一对大小不一的蟹角，善于在沙滩上打洞。

12
难忘的金秋

那年秋天，满载着美好的回忆，我回到了南方的家中。每当回想起这次北方之行，我的心中便充满了欢乐。

这次旅行似乎是我新生活的开始，一条全新的道路在我的脚下延伸开来，满载着欢乐、幸福和新知。我用整个身心去感受身边的一切，简直一刻也闲不住，就像那些不屈服于生命的短暂而忙忙碌碌的小昆虫。很多人都乐意与我交谈，他们把字写在我的手心上，我很高兴能够这样与人交流，这使我感到我和他人心灵之间的那片荒芜的土地现在已变得生机勃勃，到处盛开着美丽娇艳的花朵。

那年的秋天，我和家人是在离塔斯坎比亚大约14英里的山上度过的。我家在那里有一栋度假的小屋，我们叫它"凤尾草石矿"，这是因为在它附近有一座被废弃的石灰矿。小屋旁还有三条小河，从高高的岩石上蜿蜒流下，宛若小巧的瀑布。空旷处长满了青翠的凤尾草，把石灰石遮得严严实实，河水在其中若隐若现。山上林木葱茏，有高大的橡树和枝叶茂密的长青树，树干犹如长满了苔藓的柱子，树枝上还垂满了长青藤和寄生草。柿子树发出的香味沁人心脾，弥漫

树干为什么是圆柱形的

所有的树干都是圆柱形的，这是因为圆柱形比其他形状能承受更大的压力。圆圆的树干可以给树枝、树叶以最大的支撑力，还能承受住暴雨、风霜的打击。

海伦在北方度假时，常常和朋友们在一起闲谈。

鲑鱼

鲑鱼体形较大，略呈纺锤形，鳞细而圆，有些生活在海洋中，有些生活在淡水中，是重要的食用鱼类，种类很多，常见的有大马哈鱼等。

在树林的每一个角落，使人心旷神怡。树林中常常可以看到野葡萄藤从一棵树攀缘到另一棵树，藤条搭成的棚架吸引着无数的彩蝶和蜜蜂飞来飞去。傍晚时分从密林深处散发出阵阵清香，置身其间令人无比陶醉！

我们的小屋坐落在山顶上的橡树和松树丛中，虽然简陋，但四周的环境非常优美。屋子盖得很小，分成左右两排，中间是一个没有顶盖的长长的走廊。房子四周有宽敞的游廊，风吹过时廊间弥漫着从树上散发出的香气。我们大部分时间是在游廊上度过的，我们在那里上课、吃饭、做游戏。后门旁边有一株又高又大的白胡桃树，周围砌着石阶。屋前也有很多树，与房屋挨得很近，我在游廊上就可以摸到树干，感觉到风在摇动着树枝，树叶瑟瑟飘落。

常有客人到我们这里来。晚上，男人们围在篝火旁打牌、聊天。他们还不断地夸耀自己狩猎和捕鱼的高超本领，不厌其烦地讲述自己打了多少只野鸭和火鸡，捉住了多少凶猛的鲑鱼，怎样用口袋套住狡猾透顶的狐狸，怎样用计捉住最伶俐的松鼠，又是如何捉住疾走如飞的鹿。他们讲得绘声绘色，有滋有味。有时我想，在这些计谋多端的猎人面前，恐怕连豺狼虎豹都没有容身之地了。

海伦和莎莉文老师在游廊上上课。

夜深时分，当着了迷的听众准备离开篝火去睡觉时，猎人们总是愉快地大声道："明天猎场上见！"他们就睡在我们屋外的走廊里，那里有临时搭起的帐篷。我在屋里都可以听到猎狗的叫声和猎人们均匀的鼾声。

每天天不亮，我便被煮

海伦听猎人们讲述打猎的故事，听得津津有味。

咖啡的香味儿、猎枪的撞击声以及猎人们出发时的脚步声唤醒。我还可以感觉到马蹄"得得"的声音，这些马是猎人们从城里骑来的，已在树上拴了一夜，到早晨便不耐烦地发出阵阵嘶鸣，迫不及待地想要上路。猎人们纵身上马，就像民歌中所唱的那样："骏马在奔驰，缰绳索索，鞭嘎嘎，猎犬在前，猎人呵！出征了。"

快到中午的时候，我们开始准备午餐。在地上掘一个深坑，点上火，上面交错架上又粗又长的树枝，把肉挂在上面烤。几个黑人奴仆蹲在火堆旁，不断地挥动长长的枝条，以赶走苍蝇。烤肉散发出的扑鼻的香味儿，使我早在餐桌摆好之前就觉得饿了。

我们热热闹闹地准备野餐时，猎人们就陆陆续续地回来了。他们显得疲惫不堪，马儿也累得吐着白沫儿，猎犬耷拉着脑袋呼呼喘气，却什么猎物也没带回来。

用餐时，每个人都说自己发现的鹿不止一只，可是眼看猎犬就要追上，举起猎枪准备射击时，鹿却变得无影无踪了。他们的运气就好像是童话里的小男孩，那男

咖啡

咖啡属常绿小乔木或灌木，叶子呈长卵形；花白色，有香气；浆果深红色，内有两粒种子，种子炒熟制成粉，可以做饮料。咖啡主要产在热带和亚热带地区。

海伦在马背上度过了许多快乐的时光。

孩说，他差点抓住了一只兔子，其实他看见的只是兔子的足迹而已。猎人们很快便把空手而归的沮丧抛在脑后，大家围坐在一起吃饭。没有鹿肉，只好吃烤牛肉和烤猪肉了。

有一年夏天，我在山上养了一匹小马。我叫它"黑美人"，这是刚从一本书上看到的名字。这匹马和书里描述的很相似，尤其是它那一身黑油油的皮毛和额上的白星，简直和书上一模一样。我骑在它的背上度过了许多快乐的时光。小马性情温驯时，莎莉文老师就把缰绳松开，让它自由漫步。马儿悠闲地踱步，一会儿停下来吃草，一会儿又去吃小树上的叶子。

上午我不想骑马时，就会在早餐后和莎莉文老师到林中散步。我们在树林和葡萄藤之间穿梭，那里只有牛马踏出的小路可走。遇到灌木丛挡路，我们就绕道而行。散步归来时我们手中总是捧着大把的桂花、秋麒麟草、凤尾草等南方特有的花草。

有时候，我会和梅尔德里德及表姐妹们一起去摘柿子。我不爱吃柿子，但我喜欢它散发出来的清香，尤其喜欢在草丛和落叶里寻找它们。我们有时还去采些山果，我帮她们剥栗子皮儿，帮她们砸开山核桃和胡桃的硬壳，那些胡桃仁真是又大又甜！

山脚下有一条铁路，我们常常看火车在眼前疾驶而过。有时火车发出凄厉的长鸣，吓得我们的心怦怦直跳。有时妹妹紧张而又兴奋地告诉我，有一头牛或一匹马在铁路上任意走动，一点儿也没有害怕火车的样子。

大约 1 英里之外有一座高架桥，横跨在很深的峡谷

凤尾草

凤尾草属凤尾蕨科植物，绿叶基生，羽状叶片，喜温暖湿润和半阴的环境，常生于阴湿的墙角、井边和石灰石岩层上。其根、茎皆可入药，有清凉解毒的作用。

上，桥很窄，枕木间的间隔却很大，走在桥上就仿佛踩在刀尖上一样。

我从来都没想过去走这座桥，直到有一天，莎莉文老师带着我和妹妹闲逛，最后在树林中迷失了方向。

突然，妹妹用小手指着前面高声喊道："高架桥，高架桥！"在平日，我们是宁愿走其他艰难的小路，也不愿过这座桥的，无奈天色将晚，眼前只有这么一条近道。没办法，我们只好踮着脚，在那些枕木上试探着前进。起初还不算很害怕，走得也还很稳，但突然间从远处隐隐约约传来了"噗噗"、"噗噗"的声音。

"火车来了！"妹妹喊道。要不是我们及时伏在高架桥的栏杆上，很可能就要被轧得粉碎。好险呵！火车喷出的热气扑打在我们的脸上，喷出的煤烟和煤灰呛得我们几乎透不过气来。火车奔驰而去，高架桥颤动不已，我们觉得好像要被抛进万丈深渊。费了九牛二虎之力，我们才重新爬回轨道上。回到家时，夜幕早已降临，屋里空无一人，他们全都出去找我们了。

高架桥：修筑在河流或道路上空形状像桥的路段，供机动车辆行驶，能够避免道路平面交叉，从而提高交通运输能力。

天黑了，海伦只好和大家抄近路从高架桥上行走。

13

冰雪的奥秘

那次波士顿之旅后，我几乎每年都在北方过冬。有一次去了新英格兰的一个小村庄，在那里，我见到了封冻的湖泊和白雪皑皑的广阔原野。我第一次领略到了冰雪世界无穷的奥秘。

我惊讶地感受着那里的一切，大自然的神秘之手剥去了树木和丛林的外衣，树上只剩下零零碎碎的几片枯叶。鸟儿都已经飞走了，光秃秃的树枝上只剩下空巢，里面积满了雪。到处是一片萧瑟的景象，四周只能看到绵延起伏的高耸的山岭和广漠的原野。冬天占领了山岭，也统治了平原，冬之神似乎施展了点冰术，使大地变得僵硬麻木。

海伦用心感受着冰雪的世界。

树木的精灵似乎都躲藏到了树根下，在那黑洞洞的地下蜷缩着。一切生命似乎都已经消失，即使阳光明媚的日子，大地也冷冻地蜷缩了起来。白天仍然寒冷得令人畏缩，它的血管似乎已经干枯，它挣扎着爬起来，似乎只是为了看一眼这冰天雪地的世界，它的下面覆盖着枯萎的野草和灌木丛。

有一天，天气阴沉，冷得出奇，不一会儿暴风雪就降临了。雪花刚开始飘落的时候，我们就兴冲冲地跑到屋外，用手去接那最早飘洒下来的雪花。雪花纷纷扬扬地从天空中飘落下来，无声无息，一连下了好几个小时。原野变得越来越

海伦和莎莉文老师、妹妹坐
在炉旁，兴致勃勃地谈笑。

平整，整个世界看上去是白茫茫的一片。一场大雪过后，清早起来，村庄的原貌几乎已经分辨不出来了。道路被白雪覆盖，地面上所有的标志都被埋没，眼前只有无边无际的雪野和光秃秃的树木矗立在雪地中。

傍晚时分，突然刮起了一阵东北风，狂风卷起满地积雪，雪花四处飞扬。我们围坐在熊熊的炉火旁，讲故事，做游戏，完全忘却了自己已被大雪包围，处于与世隔绝的境地之中了。

深夜，风越刮越猛，大雪如搓棉扯絮般越下越大，我们躲在屋子里不敢出去，听着外面呼呼的风响。狂风肆无忌惮地在大地上横行，吹得屋檐嘎嘎作响，外面的大树左右摇摆，折断的树枝不停地敲打着窗户，发出可怕的"呜呜"声。

大雪一直下到第三天早上才停下来。久违的太阳从云层中探出头来，将温暖的阳光洒向广阔的白色原野，到处是奇形怪状的雪丘，堆得高高的。

我们从雪地里铲出一条狭窄的小路，以方便行走。我披上头巾和斗篷走出了家门，一股冷飕飕的空气向我

雪松
　　常绿大乔木，树冠圆锥形；叶子呈针形，呈绿色、蓝绿色或银灰色，初生的叶子表面有白粉，像雪，是著名的观赏树种。

海伦和莎莉文老师兴冲冲地滑着雪。

袭来，刺得我的脸颊隐隐作痛。我和莎莉文老师在雪地中尽情玩耍。我们走了一段刚铲出来的小路，又在积雪中深一脚浅一脚地走了一段儿，来到一片茂密的松林旁，松林不远处是一大片广阔的草场。

松树一动不动地矗立在雪地中，披着银装，像是大理石雕成的一样，我们也闻不到松叶的芬芳的香味了。阳光照耀在树枝上，反射出钻石般的光芒，只需轻轻一碰，积雪就像雨点一样洒落下来，飘散到我们身上。雪地上反射出来的光线格外强烈，仿佛穿透了我眼中的黑暗，将白雪皑皑的大地呈现在我眼前。

积雪一天天慢慢地融化，在它完全消失之前，另一场暴风雪又从天而降。差不多在整个冬天里，大地都被冰雪所覆盖，我们走在路上，脚下是厚厚的积雪，几乎踩不着泥土。树木上的冰凌偶尔会融化，可是很快又会披上一件雪白的衣衫；芦苇和灌木丛都枯萎了，光秃秃地立在那里；湖面始终是封冻而坚硬的，尽管阳光一直暖暖地照射在上面。

那年冬天，我们最喜欢玩的是滑雪橇。湖岸上有些地方非常陡峭，我们就沿着这些陡坡滑下。在雪橇上坐定以后，只要有人在后面轻轻一推，就会飞快地猛冲下去，越过积雪，跳过洼地，从湖岸急驰而过，径直向下面的湖泊冲去，一下子便冲过了闪闪发光的湖面，滑到对岸。真是好玩极了！在风驰电掣的一刹那，我感觉像是脱离了一切，有一种飘飘欲仙的感觉。这真是无比欢乐的时刻。

雪橇

雪橇是用狗、鹿、马等拉着在冰雪上滑行的一种没有轮子的交通工具。

14
第一次说话

1890 年春天，我开始学着讲话。

我很早就有发出声音的强烈愿望，并一直在尝试和别人一样发出声音。我懂得发音时器官的微妙变化，于是便常常把一只手放在喉咙上，感觉喉结的颤动，另一只则放在嘴唇上，感觉嘴唇的微微蠕动。我对身边任何能发出声音的事物都很感兴趣，经常在小猫、小狗叫的时候去摸它们的喉咙和嘴巴，那种感觉是多么新奇！有人唱歌时我喜欢用手去摸他们的喉咙，想象那美妙的声音是如何发出来的。而当别人弹钢琴时，我则会用手去触摸琴键，感受那能奏出动人音符的小小按键。自然界的一切声音都是那么的神奇，我渴望能聆听美妙的乐章，更希望自己也能发出清脆的声音，而那将是多么伟大的奇迹。

在丧失听力和视力之前，我学习说话学得很快，可自从病魔来袭，丧失了听力之后，我就再也说不出话来了。我听不见别人的声音，自然不能像其他孩子那样模仿大人说话。我处在一个孤独的世界中，毫无办法，每天能做的只是坐在母亲的膝头，把手放在她的脸上，在她说话时

琴键

琴键是风琴、钢琴等乐器上装置的白色和黑色的键。白色的键代表一般音阶，黑色的键代表升降音。

海伦把手指放到琴键上，感觉琴键的振动。

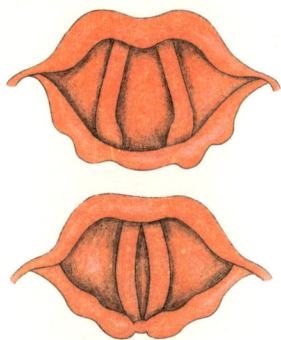

声音产生的原因

人之所以能够说话，是由于声带在起作用。在人的喉咙里面有两根像橡皮筋一样的声带，当人说话时，一股气流从肺里挤压出来，使声带产生振动，人就发出了声音。

感受她嘴唇的颤动，这是唯一能令我感到快乐的事。虽然我早已忘了说话是怎么回事，但我还是经常学着别人的样子颤动嘴唇，家人说我哭和笑的声音与正常人没什么两样。

有时我甚至还能拼出一两个单词，但这不是在和别人说话，而是在锻炼自己的发音器官。生病之后，我几乎忘记了所有的单词，唯一记得的就是"水"，我总是发出"喔……喔……"的声音来表示它。可是后来，我对这个单词的印象也越来越模糊了，它所代表的意义也逐渐被我忘掉了。直到莎莉文老师来了以后，这种情形才有所改观。我学会了用手指拼写"水"，才不再发"喔"这个音了。

我早就知道周围的人都采用和我不同的交流方式，在得知耳聋的人也能学会说话之前，我就已经对自己的交流方式感到不满了。一个必须用手语和别人交流的人，当然时刻会有被约束的感觉，而对我这样一个生性活泼、有强烈交流欲望的人来说，就更感觉到深深的束缚了。这种感觉使我越来越难以忍受，极力想将它摆脱。我一个劲儿地颤动嘴唇，拼命想说出话来，就像小鸟儿拼命扑打翅膀想要飞起那样，焦急而又无奈。家人总是设法阻止我这样做，因为他们生怕我因失败而丧失信心。但是我不肯放弃，尤其是在听了娜布·卡达的故事以后，我学会说话的决心更加坚定了。

拉姆森夫人给海伦讲了娜布·卡达的故事，使海伦坚定了学会说话的信心。

得知娜布·卡达的故事是在1890年，当时拉姆森夫人（她曾教过萝拉·布里奇曼）从挪威和瑞典访问回来，专程来看望我。她告诉我，在挪威有一个叫娜布·卡达的小女孩，她也又聋又哑，但已经学会了说话。还没等拉姆森夫人把这个女孩子的故事讲完，我就已经兴奋不已了。我坚信自己也能学会说话，以致于再也无法安静下来了。我整天缠着莎莉文老师，央求她带我去波士顿找霍勒斯学校的校长莎拉·富勒小姐，请求她教我学说话。

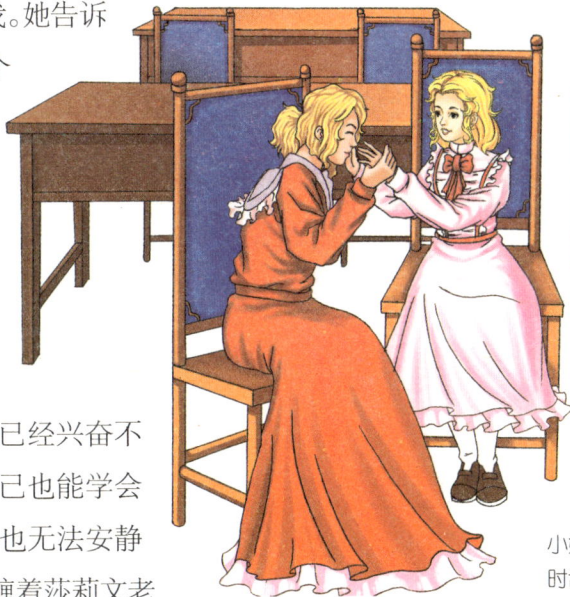

在教海伦说话前，富勒小姐先让海伦感受自己说话时舌头和嘴唇的颤动。

莎莉文老师答应带我去波士顿，我们在霍勒斯学校见到了莎拉·富勒小姐，她和蔼可亲地接待了我们，并答应要亲自教导我。那一天我是多么的兴高采烈啊，我感觉到整个世界都充满了阳光。

从1890年3月26日起，我开始了漫长的学习历程。富勒小姐是这样教我说话的：她让我把手放在她的面颊上，当她说话的时候，我就可以感觉到她的舌头和嘴唇是怎样动的。我很用心地学习，认真地模仿富勒小姐的每一个动作，学了不到一个小时，我便能发出M、P、A、S、T、L这6个字母的读音了。

富勒小姐总共给我上了11堂课，每堂课我都获益颇丰。尤其令我难以忘怀的是，当我第一次连贯地说出"天气很温暖"这个句子时，我内心的感觉远非"惊喜"二字所能表达！虽然它们只是断断续续、结结巴巴的几

霍勒斯学校：霍勒斯学校位于波士顿境内，成立于19世纪三四十年代，是一所公益学校。其创办者为美国19世纪著名的教育家霍勒斯·曼，他是美国最先倡导免费教育的人士之一，被誉为"美国公共教育之父"。

海伦迫不及待地想同小动物说话。

个音节，但它毕竟是人类的语言啊。我顿时意识到有一种新的力量把我从灵魂的枷锁中解放出来，我将利用这些断断续续的音节，掌握所有的知识并获得信仰。而最重要的是，我终于能和其他人一样正常地交谈了！

对于一个耳聋的孩子来说，如果他迫不及待地想说出那些他从未听说过的字，想走出那死一般寂静无声的世界，想摆脱没有爱和温暖、没有婉转的鸟语、没有动听的歌声的世界，他就怎么也不会忘记，当他说出第一个字时，那像电流一样涌遍全身的惊喜若狂的感觉。也只有这样的孩子才能理解，当我要同玩具、石头、树木、鸟儿以及各种动物说话时，我是怀着多么热切的心情啊！而当妹妹能够听懂我的招呼，小狗能够遵从我的命令时，我又该是多么激动啊。

现在，我终于能用语言随心所欲地表达自己的看法了，再也不用像以前那样，无论走到哪儿都需要带着翻译了，我从说话中得到的无穷乐趣是不言而喻的。现在我可以一边思考，一边表达自己的想法了，而这在以前，在我仅仅能用手指说话时，这一点是无论如何也办不到的。

但是不要以为我在这么短的时间内就可以和正常人一样说话了。我只是学会了一些基本的说话的要领，而且现在只有富勒小姐和莎莉文老师能够听懂我的意思，其他人只能听懂很少的一部分。在我学会了这些基本的语音以后，如果没有莎莉文老师行之有效的指导，以及她坚持不懈的努力和作出的巨大牺牲，我是不可能真正

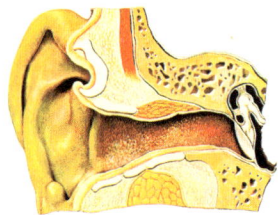

耳聋的原因

耳朵从内到外分为外耳、中耳、内耳三部分。造成耳聋的原因很多，遗传、感染病菌、药物应用不当、生理机能退化、化学物质中毒等都能导致耳聋。其中由外耳和中耳病变引起的耳聋称为传导性耳聋，由内耳病变引起的耳聋称为神经性耳聋。

学会说话的。

一开始，我日以继夜地练习发音，才使几个最亲密的朋友能听懂我的意思。随后，在莎莉文老师循循善诱的引导和孜孜不倦的辅导下，我一遍又一遍地重复练习每一个字音以及各种组合发音。莎莉文老师时刻陪在我的身旁，为我纠正不准确的发音，帮助我逐渐改进，她的这种工作一直持续到了现在。

只有那些曾经教导过聋哑孩子说话的人才能明白，莎莉文老师教育我的工作究竟有多么难。也只有他们才能体会到我所要克服的将是怎样的困难。我完全用手指来感觉莎莉文老师喉咙的颤动和面部表情的变化，而在大多数的时候，我的感觉往往是不准确的。遇到这种情况，我就迫使自己反复练习那些很难发音的字、词，有时一练就是几个小时，直到我感觉到发音准确了为止。莎莉文老师则一遍遍不厌其烦地帮助我纠正发音，她那种无穷的耐力和毅力，我真不知道是如何产生的。

面部表情的产生

人的面部表情十分丰富，诸如哭、笑、惊奇、怀疑等。通过面部表情，我们可以揣摩他人的内心世界。人之所以能产生丰富的面部表情，是由于人的面部有许多块控制表情的肌肉。大脑根据人在不同时期的心情，向面部神经系统发出指示，神经系统控制面部肌肉的动作，人就可以产生各种各样的表情了。

在莎莉文老师的帮助下，海伦努力学习正确发音。

海伦常常用手语字母和他人交流。

手语字母：手语字母是盲人专用的一种字母。盲人在和其他人交流时，将掌心面向对方，并在自己的掌心上拼写这种字母，或在对方的手上拼写。

面对学习中的重重障碍，我唯一能做到的就是练习、练习、再练习。失败和疲劳常常将我打倒，但只要想到再坚持一会儿就能发出标准的读音，就能让所有爱我的人看到我的进步，我就立即产生了无穷的勇气。我急切想看到他们为我的成功而露出笑容，这会令我感到无比的欣慰。

"妹妹就要能听懂我的话了。"这成了鼓舞我战胜一切困难的坚强信念。我常常欣喜若狂地反复念叨："现在我不是哑巴了。"一想到我将能自由自在地同母亲谈话，能够理解她用嘴唇做出的回答，我就充满了信心。当我发现用嘴巴说话要比打手势容易得多时，我更是惊讶不已。从此我不再用手语字母同人谈话了，我觉得用这种方式交流太慢。但莎莉文老师和朋友们仍然用这种方式同我交谈，因为他们觉得同唇读法相比，手语字母对于我来说更简单些，我能够更快地理解。

也许我应该向大家解释一下盲聋人所使用的手语字母。那些不了解盲聋人的人似乎对手语有些困惑不解。他们为我读书或同我谈话时，采用的是盲聋人交流时使用的一般方法，即用一只手在我手上拼写出单词和句子。而我则把手轻轻地放在对方的手上，一方面不妨碍其手指的运动，另一方面又能很快地领会他们的意思。我看书时和其他人一样，感觉到的是一个个完整的单词，而不是单个的字母。那些同我交流的人由于经常使用手指，已经将它变得灵活自如了，他们在拼写字母时速度非常快，就像熟练的打字员在打字机上打字一样。当然，熟练的拼写同用笔写字一样，也成了我的一种不知不觉的动作。

当我学会说话以后，我便迫不及待地想回到家中，因为我是多么迫切地想要和母亲、妹妹及所有的亲人说话啊。这一重要的时刻终于来到了，我兴致勃勃地踏上了归途。一路上，我不停地和莎莉文老师说话，只是为了抓紧一切时间提高自己的讲话能力。

不知不觉火车就已经进站了，我感觉到家人都站在站台上，用热切的目光迎接我们。我飞快地下了火车，一下子扑进母亲的怀抱，激动得浑身颤抖。我的眼中充满了泪水，激动得一句话也说不出来，只能默默地倾听内心发出的每一个字音。小妹妹梅尔德里德紧紧地抓住我的手，又亲又吻，还一个劲儿地乱蹦乱跳。父亲站在旁边一言不发，但我感觉到他那慈祥的脸上露出了极其愉悦的神情。直到现在，我一想起当时的情景，就不禁激动地热泪盈眶，就好像以赛亚的预言在我身上得到了应验："山岭齐声歌唱，树木拍手欢呼！"

唇语

唇语是盲人识别他人语言的一种方式。盲人把手放在说话人的嘴唇上，感觉其口型的变化，再对某种口型表达的字词进行分析，就可以领会说话者的意思。

以赛亚：以赛亚是公元前8世纪的希伯来预言家，《圣经·旧约》中的《以赛亚书》据说就是他创作的。

海伦见到家人后非常高兴，情不自禁地扑进母亲的怀中。

15

《霜王》的阴影

莎莉文老师常常给海伦描述秋叶的美丽。

1892年冬天，我的生活笼罩在一片乌云中。我郁郁寡欢，很长一段时间内都被痛苦、忧虑和恐惧所笼罩，对书本也丧失了兴趣。直到现在，当我想起那些痛苦而惶恐的日子时，内心仍不寒而栗。

当时我写了一篇题为《霜王》的短篇小说，寄给了柏金斯盲人学校的安那诺斯先生，没想到却惹来了麻烦。为了澄清此事，我必须把事情的来龙去脉说清楚，这样也能为自己和莎莉文老师讨回一个公道。

那年夏天，我们在"凤尾草石矿"住的时间比往年都长，每当穿过茂密的红枫林时，莎莉文老师都会给我描述秋天的叶子是多么美丽，也许是她的描述使我想起了一个故事。那可能是很久以前别人念给我听的，我不知不觉就将它记在了脑海中，但却并没有意识到这一点。

当时我的脑海中浮现出了一个生动的故事，为了防止将它忘却，我迫不及待想要将它记下来。当时我文思泉涌，灵感在脑中不断涌现，不一会儿便把整个故事写在了盲人专用的布莱叶纸板上，根本没有意识到我曾经听过这个故事。

现在，如果有什么灵感涌现在我的脑海中，我肯定会怀疑它并非是自己头脑中的产物，而是从别人那里学来的东西。但我那时并没有这种分辨意识，甚至直到今天我也分不清哪些东西是自己的，哪些是从书上看来

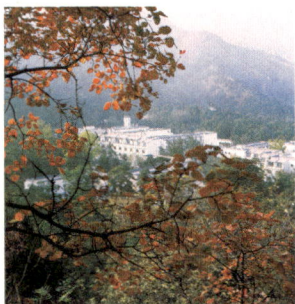

枫树

枫树属落叶乔木，叶子通常裂为三瓣，边缘有锯齿。秋季枫树的叶子会变成红色或黄褐色。

的。这或许是因为我对很多事物的了解都是从别人那儿得来的吧。

故事写完后，我马上把它念给莎莉文老师听。直到现在我还记得，当我念到那些自认为精彩的段落时，内心是多么地陶醉；而当朗诵被难念的字打断时，内心又是多么地沮丧。吃晚餐时，我又把它念给全家人听，大家都惊讶不已，没料到我能写出这么好的文章，还有人问我是不是从哪本书里看到的。

这个问题使我感到很吃惊，因为我根本想不起有谁给我读过这篇小说。于是我理直气壮地回答说："不是，这是我自己创作的，我要把他送给安那诺斯先生。"

我把文章重新抄写了一遍，并听从他人的建议，将原文的标题《秋叶》改名为《霜王》，作为生日礼物寄给了安那诺斯先生。我当时做梦也没有想到，就是这件生日礼物，给自己带来了无穷无尽的麻烦。

安那诺斯先生看到我的小说后非常喜欢，并立即把它刊登在了柏金斯盲人学校的校刊上。当时我真是得意

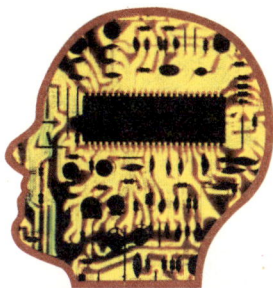

记忆的特点

记忆是人脑对经历过的事物的反应，它包括识记、保持和回忆三个基本环节，即将信息输入大脑，再进行加工、储存，并在人需要的时候从大脑里提取信息。大脑不仅能记住实际存在的事物，也可以记忆曾经讨论过的问题、一些习惯动作和情感等。

当海伦将自己写的文章念给家人听时，大家都感到很惊奇。

乔治·华盛顿

乔治·华盛顿（1732 年～1799 年），美国首任总统，在美国独立战争期间任陆军总司令。乔治·华盛顿于1789年当选为美国第一任总统，1793年再度当选总统。他为争取美国的独立作出了重大贡献，被誉为美国国父。

费罗斯特：费罗斯特英文为"冰霜"之意。

海伦在学校举行的活动中扮演了谷物女神。

到了极点，但很快就跌入了痛苦与绝望的深渊。那年我们仍然赶往波士顿过冬，但没过几天就有人发现我的文章和一篇名为《霜仙》的文章很相似，其作者是玛格丽特·康贝尔小姐，文章早在我出世以前就已发表在一本名为《小鸟和它的朋友》的书上了。我的文章和康贝尔小姐的文章在思想内容和语言风格上都十分相似，以至于有人认为我的文章是剽窃了康贝尔小姐的。

起初，我并不了解这个问题的严重性，但当家人给我解释过以后，我感到既惊讶又难过。我遭遇到了其他任何人所不曾遭受的痛苦。我感到十分羞耻，而更让我难过的是我最爱戴的莎莉文老师也受到了人们的猜忌。这究竟是怎么回事啊！我绞尽脑汁，回忆在写《霜王》之前是否看到过其他的相关书籍。但我什么也想不起来，只隐约记得有谁提到过杰克·费罗斯特这个人，他有一首写给孩子们的诗，题目叫《霜的异想天开》，但是我并没有引用他的诗。

安那诺斯先生待我一向很好，虽然他也深受此事的困扰，但他还是一如既往地对我，这使我稍稍得到一些安慰。为了让他高兴，我尽量表现出一副愉快的样子，内心却隐藏着极大的痛苦。

事情发生后不久，学校举行了庆祝华盛顿诞辰的活动，我和同学们一起演出了一场假面短剧，并在其中扮演了谷物女神。那天我穿着一身漂亮的带有花边的衣服，头

戴用色彩斑斓的秋叶扎成
的花环，脚上和手上
满是水果和谷物。但
是在美丽的外表掩
盖之下，我的内心深
处却充满了忧伤。

《霜王》事件对海伦的打击太
大了，以至于她忍不住放声痛哭。

庆祝活动的前
夕，学校的一位老师又问
起那篇小说。我告诉他，莎
莉文老师曾给我读过杰克·费
罗斯特和他的杰出诗篇。但不知怎的，我
的话却使那位老师认为我记得康贝尔小姐的《霜仙》。
虽然我一再向她解释，她还是自以为是地把这一结论告
诉了安那诺斯先生。安那诺斯先生虽然一向十分疼爱
我，但这次也听信了这位老师的话，认为我欺骗了他。
他对我苦苦的申辩不予理睬。他怀疑我和莎莉文老师故
意窃取别人的作品，以博得他的称赞。紧接着，我被带
到一个由柏金斯盲人学校的老师组成的"法庭"上，去
接受审问。

他们不许莎莉文老师在"法庭"上陪伴我，并对我
进行反复盘问，这使我觉得，他们是在迫使我承认自己
是在听人读过《霜仙》之后，才写出了《霜王》的。从
他们的每一个提问中，我都感觉到极大的不信任，并且
感觉到安那诺斯先生正以责备的目光盯着我。我当时的
感受简直无法用言语形容，只觉得心在怦怦乱跳，说话
也变得语无伦次。虽然我知道这是一场可怕的误会，可
是却无法减轻自己内心的痛苦。最后当他们让我离开时，
我只觉得头脑一片空白，根本无心顾及莎莉文老师和朋
友们的安慰。那天晚上，我躺在床头痛哭流涕，觉得世
界上再没有人能比我更加伤心难过了。我感到浑身发

法庭：法庭是法院审理案件的
场所，也指法院内设立的审理
不同性质案件的机构。1892 年，
柏金斯盲人学校组成了8人审问
团，对年仅12岁的海伦·凯勒进
行了一场剽窃审判案。这场审
判案引起了国内许多学者的谴
责，他们称这次审判是"一种荒
谬的行为"。

莎莉文老师读的《方德诺小爵爷》使海伦很快忘了《霜仙》这篇文章。

潜意识与意识

意识是指人们对自身和周围环境的感知状态，可分为前意识、意识、潜意识三层。其中潜意识是指不受人的意志控制的意识层面。潜意识能帮人提取忘却已久的信息，所以海伦能想起很久以前听过的故事。

冷，甚至怀疑自己能否活到天亮。这么一想，我反倒觉得安心了。现在回想起来，如果这件事发生在我年龄较大的时候，我的精神一定会崩溃的。时间是医治痛苦的良药，随着时间的推移，痛苦的感受逐渐从我的内心消失，我的心情渐渐恢复了平静。

莎莉文老师从未听说过《霜仙》这篇小说，也没有听说过康贝尔小姐的那本书。在贝尔博士的帮助下，她仔细调查了这件事，最后他们发现，霍布金斯夫人在1888年有一本康贝尔小姐的《小鸟和它的朋友》，正是在那年夏天，我们和霍布金斯夫人一起在布鲁斯特度假。现在霍布金斯夫人已经找不到那本书了，不过她对我说，当时为了给我解闷，她常常从各种各样的书中找些有趣的故事念给我听。虽然她也不记得是否念过《霜仙》这篇小说，但她确信她曾从《小鸟和它的朋友》这本书中挑选过一些小说念给我听。

霍布金斯夫人给我念的那些故事当时并没有在我脑海中激起多大的反响，但是故事中那些生词却引起了我的注意，因为我当时没有任何其他娱乐。故事的情节我现在已经记不起来了，但当时我曾努力想记下一些单词，想等莎莉文老师回来后解释给我听。

莎莉文老师回来后，我没有立即跟她提起《霜仙》这篇小说，也许是因为她一回来就开始给我读《方德诺小爵爷》，这使我脑子里没有多余的空间来想其他的事情。但霍布金斯夫人的确曾给我念过康贝尔小姐的那篇小说，在我忘掉它很久以后，它却自然而然地浮现在我的脑海里，以致我丝毫没有意识到它是别人思想的产物。

在那段忧伤的日子里，我收到了许多朋友的来信，他们都向我表示了慰问和同情。康贝尔小姐竟然也写信鼓励我，她说："将来你也会写出自己的大作，使许多人从中得到鼓舞和帮助。"

但是这个美好的预言却一直未曾实现。因为从那以后，我再也不敢舞文弄墨了。我总是提心吊胆的，害怕写出来的东西不是自己的。在很长一段时间里，甚至是在给母亲写信时，我都会被突如其来的恐惧所折磨，不得不一遍又一遍地反复念叨每一个句子，直到肯定自己确实不曾从书上读到过它们。如果不是莎莉文老师一如继往地鼓励我，我恐怕再也不会去碰笔墨了。

后来，我找来《霜仙》看了一遍，又看了看我当时写的一些书信，结果发现我所用的字句和一些观点，确实与《霜仙》有很多雷同之处，例如 1891 年 9 月 29 日写给安那诺斯先生的信，其思想感情和语言风格简直与康贝尔小姐的著作一模一样。而我写的《霜王》也和这封信件一样，其中的许多措辞都和《霜仙》中的很相似，可见我当时的思想已经被《霜仙》所渗透了。我在信中描述金黄色的秋叶时写道："呵，夏日已经流逝，用什么来安慰我的秋日的寂寞？唯有那绚丽多彩的秋叶。"而这正是康贝尔小姐的书中的说法。

汲取他人作品中的精华，并把它当作自己的想法表达出来，这在我早期的信件和作

霜降的原因

霜降是一种自然现象，往往发生在寒冷的冬季。冬季的夜晚气温很低，地面上层的水蒸气遇冷即凝结成固体的霜。霜呈白色，常为粉粒状。

海伦在读书时特别留意作品中精彩的段落和句子，并经常引用它们。

品中屡屡出现。在一篇描写希腊和意大利古城的文章中，我使用了一些生动的描述，而这些句子的出处早已被我遗忘。我知道安那诺斯先生非常喜欢古迹，对意大利和希腊更是情有独钟，因此我在读书时便特别留心地从诗集和史书中摘录他可能会喜欢的片断，而安那诺斯先生在称赞我的这些作品时也会说它们"饶有诗意"。但是我不明白，安那诺斯先生怎么会相信这些创作会出自一个又盲又聋的 11 岁的孩子呢？不过，虽然我的文章中引用了别人的东西，但不能说它是一文不值的，因为这说明我已经能够运用优美生动的文字来表达对美好事物的欣赏了。

也许直到现在，我仍然还处在模仿的阶段。实际上，我常常分辨不清哪些思想是自己的，哪些又是从书上看来的。书中的东西已成为我思想中不可分割的一部分。我的作品就像是初学裁缝时用碎布拼凑而成的衣服，其中尽管有鲜艳的绸缎和天鹅绒，但绝大部分还是很显眼的粗布头。我在写作中遇到的最大困难，就是如何用学到的语言将那些还不成熟的、仍处于感性阶段的思想表达出来。但即便是这样，我还是会一次又一次地尝试，因为我深信，既然别人已经取得过成功，我又怎么能随便认输呢？

史蒂文森说："人的创作才能是天生的，后天无法获得。"也许我生来就缺少创作的天分，但我还是希

天鹅绒：一种起绒的丝织物或毛织物（也有用棉、麻做底子的），色彩绚丽，大多用来做服装或帘、幕、沙发套等。

海伦常常分不清哪些思想是自己的，哪些是从别人那里学到的。

当海伦走进审判室的时候，只觉得屋子里的人都充满了敌意。

望,有朝一日我能摆脱对他人的模仿，把自己的思想和经历充分地表达出来。凭着这种信念和坚持不懈的努力，我终于抚平了《霜王》事件给自己造成的创伤。从另一方面来说,这桩不愉快的事件对我也并非没有好处，因为它迫使我认真地思考有关写作的一些问题。唯一使我感到遗憾的是，我失掉了安那诺斯先生这样一位很好的朋友。

我在《妇女家庭杂志》上发表了《我的生活》以后，安那诺斯先生在写给麦西先生的一封信中说，当初发生《霜王》事件的时候，他始终相信我是无辜的。他说，当时那个"法庭"是由8个人组成的，其中有4个盲人，4个视力正常的人。有4人认为我听人念过康贝尔小姐的那篇小说，其他人则不然。安那诺斯先生说，他当时是站在后者那一方的。但不管怎么说，当我走进那间屋子时，我觉得屋里所有的人都对我抱有怀疑的态度。在这之前，也正是在那间屋子里，安那诺斯先生曾无数次地把我抱在膝头，疼爱地抚摸我的头，但我当时把这一切全然忘掉了，只觉得屋子里的人都对我充满敌意。当时我有一种不祥的预感，后来发生的事果然证实了我的预感。在事件发生后的两年时间内，安那诺斯先生始终

葡萄

葡萄属落叶藤木植物，叶子呈掌状分裂；花朵为黄绿色；其浆果为球形或椭圆形，成熟时多为紫色或黄绿色，味酸甜，多汁，是常见的水果。

海伦在和莎莉文老师交谈时，经常会怀疑自己的想法是别人的。

《青年之友》：美国最早的青少年杂志，刊行于18世纪末、19世纪初，曾达到美国国内周刊发行量之最。此杂志于1892年刊登了海伦的一篇描写生活的短文，这让海伦信心倍增。

相信我和莎莉文老师是无辜的，但后来不知怎么改变了看法。我不清楚柏金斯盲人学校当时调查的细节，甚至连那些审问过我的审判员的名字也叫不上来，只记得自己当时感到十分的恐惧，连别人问了些什么和自己是如何回答的都不太明白。

我把《霜王》这件事的始末原原本本地写出来，是因为它对我早期生活和教育的影响太大了。为了避免误解，我尽可能客观地叙述了所有的事实，并不想为自己辩解或埋怨任何人。

《霜王》事件发生后的那年夏天和冬天，我回到家乡和亲人团聚，那段日子我十分开心，把所有的不快都抛在了脑后。夏天慢慢过去，秋日悄然降临，地上铺满了深红和金黄色的秋叶，花园尽头葡萄架上的葡萄渐渐变成紫色，在阳光的照射下闪闪发光。我正是在这时开始写文章回忆自己的生活经历的，这离《霜王》事件的发生已经有一年了，但当时我对自己的写作仍然心存疑虑，常常担心类似《霜王》的事件又会再次发生。莎莉文老师明白我内心的恐惧和不安，为了帮助我恢复自信，她鼓励我替《青年之友》写一篇短文，简短介绍自己的生活。当时我只有12岁，写这样的文章是很吃力的。莎莉文老师一直从旁鼓励并引导我。她相信，只要我坚持写下去，就能重新树立信心，发挥自己的潜能。我谨慎小心，但却坚持不懈地写了下去。

在《霜王》事件发生以前，我和其他孩子一样过着无忧无虑的生活，但后来却变得沉默寡言，常常会陷入困惑之中。过了一段时间，我逐渐摆脱了那段不愉快的经历在自己心中留下的阴影，而头脑也变得比以前更加清醒，对生活有了更深刻的理解和认识。

16
世博会见闻

1893年，我生活中的三件大事是：我在克利夫兰总统宣誓就职时前往华盛顿旅行；前往尼亚加拉瀑布观光；参观了世界博览会。

我们是在3月份前往尼亚加拉瀑布的。当我站在瀑布边缘的高崖上，感觉到周围的空气在颤动，大地也在剧烈地颤抖时，那种心情简直无法用文字表达。许多人都会感到奇怪，像我这样又盲又聋的人，怎么也能陶醉于尼亚加拉瀑布的美景呢？他们总是这样问我："你既看不见波涛汹涌澎湃的气势，又听不见它的怒吼和呼啸，它对你来说有什么意义呢？"事实上，它们对我的意义太重大了。正像"爱"、"宗教"和"善良"无法衡量一样，它们给我的影响也是无法估量的。

尼亚加拉瀑布

尼亚加拉瀑布位于加拿大和美国交界处的尼亚加拉河上，是尼亚加拉河跌入河谷断层形成的，瀑布气势雄伟，水量充沛，号称"世界上最大的瀑布"。

海伦站在尼亚加拉瀑布前，感受着它那雄伟的气势。

那年夏季，莎莉文老师和我在贝尔博士的陪同下参观了世界博览会。在那里，我幼时的许多幻想都变成了美妙的现实，在我幼小的心灵中留下了极其美好的回忆。我每天都在想象中周游世界，世界各地人民创造的种种奇迹都呈现在我的面前，我用手指触摸着每一件展品，它们都是人类勤劳智慧的结晶。

我非常喜欢去博览会的万国馆，那里就像是《天方夜谭》中描述的一样，充满了各种新奇的事物。那里有奇特的印度市场，里面陈列着欢乐神和大象之神，与我在书中读到的一模一样；有开罗城的模型、金字塔和清真寺，还有列队而行的骆驼。我们还游览了威尼斯的环礁湖，晚上我们在湖中泛舟，沐浴在城市的璀璨灯光下。我还上过一艘北欧海盗船，船上只有一名水手，他负责管理船上的一切，不论是风平浪静还是波涛汹涌，他都勇往直前，百折不挠，表现出坚定的信心和高昂的斗志。而现在的水手则完全成了机器的附庸，丧失了许多主动性。

圣玛利亚号：1492年哥伦布首次驶往美洲时驾驶的旗舰。圣玛利亚号长25米，载重量约120吨，是当时西方最大的一艘旗舰。

距离这艘船不远，有一个"圣玛利亚号"船的模型，我也仔细参观了一番。船长领我参观了哥伦布当年住过的船舱，舱里的桌子上放着一个沙漏。这个小小的仪器给我留下了十分深刻的印象，因为它使得我浮想联翩：当哥伦布即将遭到伙伴们的反叛的时候，这位英勇无畏的航海家只能看着沙子一粒粒地

海伦抚摸着沙漏，联想到了哥伦布当日坐在这里的情景。

往下渗漏，他的心情该是多么的焦虑不安啊！

博览会的主席希尔博特姆先生对我格外照顾，他允许我抚摸展品。我就像当年皮萨罗掠夺秘鲁的财宝那样，迫不及待地去触摸那些展品。每一件都令我着迷，尤其是那些栩栩如生的法国铜像，我疑惑他们是下凡后被艺术家们捉住而赋以灵性的天使。

贝尔博士陪同海伦参观了电话机、留声机等发明。

在好望角展览厅，我了解了钻石开采的全过程。我触摸了那些正在开动着的机器，以便清楚地了解它怎样测量金刚石的重量，怎样切削并将金刚石打磨，使之变得光亮。我还在淘洗槽中摸着了一块钻石，人们风趣地说这是在美国参展的唯一一块真正的钻石。

贝尔博士一直陪伴着我们，将那些有趣的事物一一描述给我听。在电器展览大厅里，我们参观了电话机、留声机及其他发明。贝尔博士使我们了解到金属线可以不受空间和时间的限制而传递信息。我们还参观了人类学展厅，其中最令我感兴趣的是古代墨西哥的遗迹和粗糙的石器，它们是那个时代的唯一见证。石器是尚未创造文字的祖先们树立的丰碑，它们将永世长存。使我感兴趣的还有埃及的木乃伊，但我始终没敢动手去触摸。我从这些古代遗迹中了解到的有关人类发展的种种知识，是之前从任何人或书本上都不曾了解到的。

在博览会度过的3个星期里，我的知识面得到大大的增长，而我的兴趣也开始从童话故事和玩具转向了现实世界中真实的事物。

天使

天使的英文名称为"angel"，源自于希腊文"angelos"（使者）。在西方传说中，天使是侍奉神的精灵，天使的头顶上方有光环，背后长有翅膀，他们受神的差遣，去帮助需要拯救的人。

17

学习拉丁语

海伦在莎莉文老师面前大声朗读，以提高说话能力。

1893 年 10 月以前，我随意地自学了许多东西，并读了一些有关希腊、罗马和英国的历史。我有一本凸印版的法语语法书，我从中学到了一点点法语，并经常用新学的单词在脑子里进行练习。我仅仅把这当成一种游戏，对于语法规则或其他用语倒不是很在意。那本语法书的单词都标注了读音，我便尝试着学习法语的读音。独自学习法语对我来说是件很困难的事，但这样一来，阴雨天我就有事情可做了。学会了一些法语后，我就开始兴趣盎然地读拉·封丹的《寓言》和拉西姆的《被强迫的医生》，以及《阿塔丽》中的一些段落了。

我还花了很多时间来练习说话。我摸着书在莎莉文老师面前高声朗读，并且能背诵几段自己最喜欢的诗句。莎莉文老师不断地纠正我的发音，告诉我在哪里断句，怎样转调。

直到1893年10月，我从参观世界博览会的疲劳和兴奋中恢复过来后，才开始有规律地上课，按计划学习各门课程。

那时，莎莉文老师和我专程去拜访韦德先生一家，他们住在宾夕法尼亚州的休尔顿市。他们的邻居艾伦先生是一位出色的拉丁语学家，我开始跟着他学习拉

拉·封丹：拉·封丹（1621 年～1695 年），法国 17 世纪寓言诗人。《寓言》是他的代表作，共收集239首诗，题材绝大部分取自伊索寓言，古希腊、罗马和印度寓言家的作品以及民间故事。《蝉和蚂蚁》、《乌鸦和狐狸》、《狼和小羊》等是其中脍炙人口的作品。

丁语。

艾伦先生是一个温和而博学的人，他主要教我拉丁语的语法，偶尔也教我算术，但我觉得算术既困难又乏味。艾伦先生和我一起阅读了坦尼森的《回忆》一书，我第一次学会了如何了解一位作者以及识别他的文风，这种感觉就像和老朋友握手一样，既亲切又温和。而在这之前，我虽然读过很多书，却从来没有仔细分析过它们。

一开始我不愿意学拉丁语语法，因为我觉得没有必要浪费时间去分析每一个字，辨别名词、所有格、单数、阴性等的差别，这些真是太烦琐了。我想，如果用生物学的分类法来分析我养的那只猫，则应该是，目——脊椎动物；部——四足动物；纲——哺乳动物；种——猫；个体——灰色带有斑纹的家猫；名字——塔比。我觉得这简直是一种可笑的做法。但随着学习的深入，我对拉丁语语法的兴趣越来越浓，常常陶醉于拉丁文优美的意境之中。我把学习拉丁文当做一种消遣，常常在其中寻找自己认识的字词，并用它们来造句。

世界上最美妙的事情，莫过于用自己刚刚学会的文字来表达稍纵即逝的印象和丰富的感情。就像瑰丽的幻想使头脑中的观念变得更加生动具体一样。当我上课时莎莉文老师坐在我身边，在我手心里拼写艾伦先生讲课的内容。当返回亚拉巴马州的时候，我已经能用拉丁文阅读恺撒的《高卢战记》了。

恺撒

盖尤斯·尤利乌斯·恺撒（公元前 100 年～前 44 年），古罗马著名的军事家、政治家，他于公元前 60～前 58 年发动了对日耳曼的高卢战争，取得了重大胜利。

艾伦先生陪同海伦阅读了坦尼森的《回忆》一书。

18

开始学习生涯

海伦的德语老师瑞米小姐懂手语，海伦能顺利地和她交谈。

1894年夏天，我参加了在夏达奎市举行的"美国聋人语言教学促进会"的第一次会议。会议安排我到纽约市的莱特·赫马森聋哑学校上学。这年10月，我由莎莉文老师陪同，前往就读。这所学校是专为训练"唇读法"和进行最有效的"发音训练"而设立的。在学校的两年中，我除了练习发音和唇读，还学习了数学、自然、地理、法语和德语。

我的德语老师瑞米小姐懂手语。我学了一点儿德语后，便时常找机会与她交谈，过不了几个月，我几乎能完全听懂她的话了。第一学年结束时，我已经可以顺畅地阅读《威廉·退尔》这部小说了。事实上，我在德语方面的进步比其他方面都要大得多。我觉得法语要比德语难学得多。教我法语的是奥利维埃夫人，她是法国人，又不懂手语字母，只能在口头上教导我。而我要弄清她的嘴唇的动作，实在不是件容易的事，所以我学习法语的进度比德语慢得多。尽管这样，我还是把《被强迫的医生》读了两遍。这本书虽然很有意思，但不如《威廉·退尔》那么形象生动。

我在唇读和说话能力上取得的进步，并没有达到自己和老师们期望的程度。我有强烈的自信心，相信自己能像其他人一样说话，莎莉文老师也相信这一点。但是

法国

法国位于欧洲大陆西端，是欧洲西部最大的国家。法国在文化、时尚、美食方面的影响力遍及全球。其境内名胜古迹众多，位于巴黎市内的埃菲尔铁塔是法国的象征。

我的努力并没有达到预期的效果。我想也许是我们把目标定得太高了，所以难免会失望。

我仍旧把算术看得像陷阱一样可怕，遇到问题时，我喜欢去"推测"而不是推理，有时甚至不经推测就乱下结论，这个毛病加上我的愚钝，学数学就变得格外困难了。

虽然学数学的过程中屡遭挫折，令我情绪沮丧，但对其他功课，尤其是自然地理，我仍然抱有极大的兴趣。揭开自然界的奥秘是一大快事，书中形象而生动的文字向我描述了风是怎样从四面八方吹来的，水蒸气是怎样从大地的尽头升起的，河流是如何穿过岩石奔流的，山川是如何形成的，而人类又是如何战胜原本比自己强大得多的大自然的。

在学校的两年中，有许多事情在我的脑海中留下了美好的印象。令我印象最深刻的是，莎莉文老师和我每天都要到中央公园去，这是纽约城中我最喜欢的地方。在这座宏伟的公园里，我度过了许许多多快乐的时光。每当我跨进公园大门时，总是要求莎莉文老师给我描述园中

山川的形成过程

山川形成于几亿年前。在地壳深处的巨大压力下，陆地上的板块之间互相碰撞、挤压，有些地方高高凸起，就形成了山川，有些地方陷为低地，就成了峡谷或海洋。

海伦和莎莉文老师在中央公园度过了许多快乐的时光。

的景色。园内景色宜人，变化多端，每一次去我都能领略到不同的风光。

春暖花开时，我们四处漫游，在赫德森河上泛舟，漫步于绿草如茵的河岸——这里曾是布莱恩特吟咏的地方。我尤其喜欢岸边那宏伟的峭壁，它令我感受到了自然的神奇力量。除了赫德森河，我们还游览了西点和华盛顿·欧文的故乡塔立顿，在那里我们特意从"睡谷"中穿行而过。

华盛顿·欧文：华盛顿·欧文（1783年～1859年），美国19世纪最伟大的散文家之一，被誉为"美国文学之父"。睡谷相传是华盛顿·欧文故乡的一条峡谷，其景致幽静、明丽，故此得名。

莱特·赫马森聋哑学校的老师总是想尽办法让聋哑儿童享受到普通孩子所享有的各种学习机会，他们让最小的孩子充分发挥记忆力强这一优势，以弥补先天性的缺陷。

波士顿的约翰·P.斯博尔丁先生于1896年2月不幸逝世，得知这一噩耗时我尚在纽约过着无忧无虑的生活。这个消息好似一个巨大的霹雳从天而降，彻底打破了我平静的生活。那时我心中的悲痛仅次于父亲当年的去世。斯博尔丁先生对我的帮助令我永生难忘，只有那些了解和敬爱斯博尔丁先生的人，才会明白他对我的友谊是何等重要。他总是给身边的人以热情的帮助，对莎莉文老师和我尤其如此。只要一想起他的慈爱和对我们的学习所给予的关助，我们就立即变得信心百倍。他的逝世在我们的生活中所造成的空白，是永远也填补不了的。

海伦和同学们一起在赫德森河上泛舟。

19

在剑桥的学习

1896 年 10 月，我在剑桥女子中学上学，为进入哈佛大学拉德克利夫学院做准备。

在很小的时候，我曾参观了卫斯理女子学院。那时我对大家说："我将来一定要考上大学，而且是哈佛大学。"朋友们都很惊讶，哈佛大学入学考试的难度可是众所周知的，他们问我为什么不进卫斯理女子学院。我的回答是"因为那里只有女学生"。从那时起，想上大学的愿望就在我的心中埋下了种子，我不顾朋友们的反对，决心要跟正常的女孩子们一争高低。我决定来到剑桥中学学习，这是通往哈佛、实现我童年梦想的一条捷径。

在剑桥中学，校方允许莎莉文老师跟我同堂上课，把老师讲授的内容翻译给我听。这里的老师们没有教育聋哑孩子的经验，我和他们交流的唯一方式是读唇。一年级的课程有英国史、英国文学、德文、拉丁文、数学和其他科目。在这之前，我从未为进入大学而专门学习某种课程，但我的英语在莎莉文老师的精心辅导下取得了很大的进步。不久老师们就认为，除了完成指定书目的阅读外，英语这门课程我就不需要再去上课了。我曾在法文学习上打下了一些基础，并学习过 6 个月的拉丁文，而基础最好的还是德文。莎莉文老师不可能把所有该读的书本的内容都写在我手上。有时候，我必须把

环境优美的学校

美国东部的"常青藤盟校"，集哈佛、耶鲁等世界一流大学为一体，环境清幽，学术氛围浓厚。

早在参观卫斯理女子学院时，海伦就决定要考上哈佛大学。

歌德

约翰·沃尔夫冈·歌德（1749年～1832年），德国伟大的诗人、小说家和剧作家。其代表作诗剧《浮士德》是世界文学宝库中的瑰宝。《我的一生》是歌德的自传。

德语老师葛洛每星期为海伦上两节课，以使莎莉文老师能休息片刻。

拉丁文用盲文抄下来，以便和同学们一起朗读。老师们很快就习惯了我不标准的语音，并能解答我提出的问题，及时纠正我的错误。我在课堂上无法记笔记和做练习，于是在课后用打字机写作文和做翻译。

莎莉文老师每天和我一起上课，把老师们讲课的内容都写在我手中。在自修时间，她帮我查生字，把没有凸印本的书本内容写在我手上。这些事情的单调和枯燥程度是难以想象的。德语老师葛洛和校长吉尔曼是学校里仅有的使用手语来指导我的教师。虽然葛洛小姐在拼字时仍十分缓慢和不得法，但是她出于一片苦心，每星期专程为我上两节课，好让莎莉文老师能休息片刻。虽然每个人都这么热心地想帮助我，可是真正能将枯燥的学习变得快乐有趣的，还是亲爱的莎莉文老师。

在第一年里，我学习了数学、拉丁语语法，阅读完了恺撒《高卢战记》的前三章。德语方面，在莎莉文老师的帮助下，我阅读了席勒的《钟之歌》和《潜水者》、海涅的《哈尔茨山游记》、弗雷格的《腓特烈大帝统治时代散记》、里尔的《美的诅咒》、莱辛的《米娜·封彭尔姆》以及歌德的《我的一生》等名著。我从这些德文书中得到了极大的乐趣，尤其是席勒的那些美妙绝伦的抒情诗，记载腓特烈大帝的丰功伟绩的历史和歌德的生平。《哈尔茨山游记》让人读完后回味无穷，它以诙谐、引人入胜的语句描写了那爬满藤蔓的山冈，在阳光下流淌的小溪，富有传奇色彩的野蛮地区，还有神话中的灰姑娘——只有把自己完全融入大自然的人，才能写出如此生动的篇章。

吉尔曼先生教了我好几个月的英国文

学。我们一起阅读了《皆大欢喜》、贝尔克的《调停美洲的演讲词》、麦考利的《塞缪尔·约翰逊传》。吉尔曼先生的历史和文学知识十分渊博，讲解起来出神入化，使学习变得充满乐趣。这是机械的背诵和摘录、笔记所不能比的。

"我感到十分困惑的是，英王和大臣们为什么对伯克的预言充耳不闻。"

在我读过的政治著作中，伯克的演说是最启发人心的。读他的作品，我的心随着时事而动荡，觉得美国和英国的关键人物都纷纷呈现在我眼前。伯克曾预言：如果坚持敌对，得益的将是美国，英国将蒙受屈辱。令我感到困惑的是，英王和大臣们为什么对伯克的预言充耳不闻。思想的火花和智慧的种子，竟然播种在无知与腐朽的草堆里，令人扼腕叹息。

伯克：伯克（1729年~1797年），英国政治家，维护议会政治，主张对北美殖民地实行自由和解的政策。

麦考利的《塞缪尔·约翰逊传》与伯克的风格迥然不同，但我读起来也兴致盎然。这个孤独者在克鲁勃大街忍受着苦难，却对那些卑微的劳苦大众给予慰藉，向他们伸出了援助的双手。他所取得的一切成功都使我兴高采烈，而他的过失我则避开不看。我惊异的不是他这些过失，而是这些过失竟然未能使他的精神蒙受损失。麦考利才华出众，他的笔能化腐朽为神奇，然而他的自负却令我感到厌烦。对于他那为迁就现实而牺牲真理的做法，我也颇抱有怀疑的态度。

莎士比亚创造的喜剧人物

莎士比亚是英国文艺复兴时期最杰出的戏剧大师。他的戏剧为当时英国平民大众而创作，其中福斯泰夫是莎士比亚所创造的一个最著名、最受欢迎的喜剧人物。

在剑桥中学，我平生第一次享受到了和同龄的正常女孩子们在一起生活的情趣。我同几个同学居住在离校

海伦和剑桥中学的女孩子们相处得十分融洽。

剑桥

剑桥是英国剑桥郡的首府，世界闻名的剑桥大学就坐落在这里，使剑桥成为著名的大学城。这里学术氛围浓厚，环境优美，拥有典型的英格兰田园风光。

舍不远的一间房子里，这里就像我的家一样。我们一起做游戏、捉迷藏、打雪仗。我们常常携手漫步在校园中，讨论功课，高声朗读。有些女孩子已经学会用手语和我交流，不需要莎莉文老师再做翻译了。

圣诞节来临时，母亲和妹妹来和我共度佳节。吉尔曼先生特别照顾我们，让梅尔德里德进入剑桥中学学习，于是我和她一起在剑桥度过了6个月形影不离的快乐时光。

1897年6月29日至7月3日，我参加了拉德克利夫学院的入学考试。考试的科目有初级和高级德语、法语、拉丁语、英语、希腊文以及罗马史，考试时间共9个小时。我不仅每科都顺利通过，德语和英语还得了"优"。我想在这里描述一下当时考试的情形。每门功课都有16分——初级考试12分，高级考试4分，每门考试至少要得到15分。试卷于每天早晨9点钟由专人从哈佛大学送到拉德克利夫学院。考生不能在试卷上写名字，只能写号码。我的号码是233号，但因为我用打字机答题，所以试卷根本不可能保密。

　　为了避免打字机的声音影响到别人，我独自一人在一个房间里考试。吉尔曼先生把试题拼写给我，门口有专人监考，防止有人进来打扰我们。

　　第一天是德语考试，吉尔曼先生坐在我身边，先把试卷通读一遍，然后逐句写给我，我则把他写出来的句子大声朗读一遍，以确保我听到的内容正确无误。考题相当难，我用打字机答题，心里十分紧张。吉尔曼先生把我打出的答案拼写给我，我则告诉他需要修改的地方，由他帮我修改。这么便利的考试条件，在以后的考试中再也没有过了。进入拉德克利夫学院以后，我答完考题后再也没有人拼写给我了。除非时间充裕，否则我没有机会再进行修改。而即使有时间，我也只能凭记忆将改正的内容写在试卷的最后。我初试的成绩比复试好，有两个原因：一是复试时没有人把我打出的答案拼写给我，二是初试的科目有些是进剑桥中学以前就有了一定基础的，因为在年初我就已通过了英语、历史、法语和德语的考试，试题是吉尔曼先生从哈佛大学拿来的旧考题。

　　吉尔曼先生把我的答卷交给监考人并写了一个证明，说明它是我的答卷。其他几门功课的考试方法一样，但都没有德语那么难。记得那天当我拿到拉丁文试卷时，希林教授前来告诉我，我的德语考试取得了很好的成绩，这使我信心倍增，最终轻松地通过了整个考试。

打字机：海伦使用的打字机是盲人专用的打字机，上面的字母是凸起的，可以凭借触摸感觉其形状。

吉尔曼先生把考题拼写在海伦手上，海伦则用打字机答题。

20

艰难的入学考试

拉丁文

拉丁语本为意大利中部罗马帝国的官方语言。19世纪初，罗马帝国解体为很多独立的国家，这些国家在拉丁文的基础上形成了各自独特的语言，统称为拉丁语系。图为刻有拉丁语的徽标。

繁重的学习任务使海伦和莎莉文老师有些支撑不住了。

升入中学二年级时我信心百倍，踌躇满志，但在最初的几个星期里，却遇到了许多意想不到的困难。

吉尔曼先生同意我这一学年主修数学，此外还必须完成天文、希腊文和拉丁文等科目。但不幸的是，课程已经开始了，而我需要的许多课本都没能及时做出凸印本来，同时我还缺乏某些课程所必需的重要的学习工具。我所在的班级人数很多，老师无法给我做特别辅导，这样一来，莎莉文老师就不得不为我读所有的书并翻译老师的讲解了，她那双灵巧的手似乎已经承担不了如此的重担了——这可是 11 年来从未有过的。

代数、几何和物理的习题按规定必须在课堂上做，但我是无法做到的——直到我们买了一架盲文打字机，借助它我可以"写"下答题的每一个步骤。我看不见黑板上的几何图形，所以我弄懂几何概念的唯一方法是用直的和弯曲的铅丝在坐垫上做成几何图形。至于图形中的字母、符号以及假设、证明和结论的各个步骤，我只能努力地记住它们。

总之，我在学习中处处遇到障碍，有时候心灰意冷到了极点，我的情绪就会变坏，并冲莎莉文老师乱发脾气，至今回想起来，我仍觉得羞愧难当。因为莎莉文老

海伦总是分不清各种各样的
几何图形，这令她十分苦恼。

师不仅是我最好的朋友，更是为我披荆斩棘的人。

　　所幸这些困难渐渐都被克服了，凸印书本和其他的学习工具逐渐齐备，我又以十足的信心投入到了学习中。代数和几何是我需要努力去学习的两门课程。如前所述，我在数学这门功课上缺乏悟性，对很多观点我都不能得到满意的解释。

　　几何图形更是令我头疼，即使在椅垫上拼了许多图形，我还是弄不清各种图形之间的关系。一直到吉斯先生来教我时，我才在数学这门功课上有了新的进展。

　　谁知就在这些困难刚刚得到克服时，又发生了一件意外的事情，使一切都发生了变化。在我的凸印书本未到之前，吉尔曼先生就已经向莎莉文老师提出，我的课程太重了，并且不顾我强烈的抗议，减少了我的课时。起初，我们和校方商量好，如果有必要的话，用5年的时间来准备考大学。但第一学年结束后，我的考试成绩使莎莉文老师、哈博女士（学校的教务长）以及另一位老师相信，我再学2年就可以完成全部学业了。最初，吉尔曼先生也赞同这一点，但后来看到我的功课进展不太顺利，他又要求

几何学：几何论证的步骤主要包括假设、论证、得出结论三步。在17世纪的西方，几何学的发展领先于代数学，代数问题往往被转化为几何问题来解决。几何学在中国也有着久远的历史。在西汉著作《史记·夏本记》中，记载了在夏禹治水时已使用了规、矩、准、绳等作图和测量工具，并已发现勾三股四弦五定理的史实。

由于吉尔曼先生与莎莉文老师的意见发生严重分歧，海伦的母亲决定让海伦同妹妹一起退学。

记笔记的意义

做笔记对学习有重大意义。积极认真地做笔记，有助于学生发现知识的内在联系，便于记忆。但如果只顾记笔记而不听讲，则会得不偿失。

我必须再读3年。我不想这样，因为我希望能同其他同学一起进入大学。

11月17日那天我有点不舒服，没有去上课。尽管莎莉文老师向吉尔曼先生解释我只是有一点小小的毛病，但吉尔曼先生却坚持认为我的身体已经被功课压垮了，于是全面改动了我的学习计划，以致于我不能和其他同学一起参加期末考试了。由于吉尔曼先生与莎莉文老师的意见发生严重分歧，母亲决定让我同妹妹一起退学。

几经周折后，母亲请了剑桥中学的吉斯先生担任我的辅导教师，辅导我继续学习。那年冬天我和莎莉文老师在波士顿25英里外的伦萨姆度过，那里有我们的朋友卓波斯林。从1898年2月至7月，吉斯先生每星期到伦萨姆两次，教授我代数、几何、希腊文和拉丁文，莎莉文老师则担任翻译。

1898年10月，我们回到了波士顿。其后的8个月，吉斯先生每周给我上5次课，每次1小时。他先给我讲解上次课中不明白的地方，然后布置新的作业。他把我在一周中用打字机做出的希腊文习题带回去仔细修改，然后再退还给我。

我为大学入学考试所进行的准备，就这样一直进行着。我发现单独听课比在班级里听讲效率高得多，并且心情也十分愉快，不需要急急忙忙地记笔记，担心跟不上讲课的进度。吉斯先生专门为我做辅导，有充裕的时间给我讲解难题，我的成绩比在学校时进步得更快了。

在数学这门课程上，我面临的困难仍然比其他课程多。代数和几何哪怕有语言和文学课的一半容易也好啊！但即使是数学，吉斯先生也教得很有趣味，他的讲解深入浅出，使我能够彻底弄懂。他指导我积极思考，严密地推理，冷静地找出合乎逻辑的答案，而不是胡乱猜疑。尽管我笨得连约伯也无法容忍，他却总是那样温和而富有耐心。

约伯：约伯是《圣经》中的一位善人。他敬畏上帝，撒旦杀了他的十个子女，毁灭了他的财产，他丝毫没有改变信仰。上帝为了赏赐他，给了他十个子女，并加倍赐予他财产。

1899年6月29日和30日，我参加了拉德克利夫女子学院入学考试的终试。第一天考初级希腊文和高级拉丁文，第二天考几何、代数和高级希腊文。学院不允许莎莉文老师为我阅读试卷，请来了柏金斯盲人学校的教师尤金·C.文尼先生，为我把试卷译成美国式盲文。文尼先生和我并不相识，除了使用盲文外，我们无法交谈。

盲文可以翻译成各种文字，但要翻译几何和代数则相当困难。我被盲文翻译成的数学试卷折腾得筋疲力尽，还浪费了许多宝贵的时间，在代数上花的时间最多。虽然我熟悉英式、美式和纽约式三种盲文，但几何和代数里的各

在吉斯先生的辅导下，海伦取得了很大的进步。

种符号在这三种盲文中是迥然不同的，我在平时的学习中使用的只是英国盲文啊。

考试前两天，文尼先生把哈佛大学旧的代数试题寄给我，但用的是美国式的盲文。万分焦急下，我马上写信给文尼先生，请他对上面的符号加以说明。很快，我收到了另一份试卷和一张符号表。我开始着手学习这些符号。在考代数的前一天晚上，我忙于运算一些复杂的习题，对那些混合在一起的括号、大括号和方根老是分不清楚。吉斯先生和我都有些泄气，为第二天的考试担心。考试那天，我们提前到校，文尼先生仔仔细细地把美国式盲文的符号给我讲解了一遍。

考几何时我习惯于让人把命题拼写在我的手上，所以对着盲文试卷时我头脑里一片混乱。考代数时遇到的困难更大，刚刚学过的那些美式盲文符号一下子又分不清了。而且，我看不见自己用打字机打出的字，我擅长的只是用盲文演算或是心算。吉斯先生着重训练的是我心算的能力，但他并没训练我如何写答卷，所以我答题时非常慢，要一遍又一遍地阅读才能弄明白试题的意思。我甚至不知道有没有认错那些符号。

考试的时候要把一切都准备好实在是太困难了，我在这里并不想责备任何人。拉德克利夫学院的监考教师们不会意识到我的考题是多么难，也无法了解到我所要克服的种种特殊困难。不过，如果说他们无意中为我设置了许多障碍的话，令我感到欣慰的是自己终于把它们全都克服了。

拉德克利夫大学学院：拉德克利夫学院位于剑桥境内，为哈佛大学开设的女子学院，声名卓著。海伦于1900年进入此学院学习，1904年以优异的成绩毕业。

考试之前，文尼先生把美国式盲文的符号给海伦讲解了一遍。

21

初入哈佛

虽然历尽了千辛万苦，我总算是通过了入学考试。我随时可以进入拉德克利夫学院学习了。不过，家人和朋友们都建议我，入学之前最好再跟随吉斯先生学习一年。因此，直到1900年的秋天，我的大学梦才开始实现。

我永远也忘不了进入拉德克利夫学院第一天的情景，这是我人生中最有

海伦只能通过莎莉文老师在她手上写的字来了解讲课内容。

意义的一天，对于这一天我曾经怀抱着无限的憧憬。我知道前方还会有许多障碍，但我已下定决心要克服它，我牢记一个罗马人说过的话："被驱逐出罗马，仅仅意味着到罗马以外的地方去生活而已。"既然走不了寻求知识的康庄大道，我就去走那些人迹罕至的崎岖小路吧，说不定还有许多意想不到的收获呢。在大学里，我将有充分的机会同那些像我一样勤于思考、热爱生活、努力奋斗的女孩们并肩前行。

我热切地开始了自己的大学生活。展现在我面前的是一个敞开大门的美丽而光明的世界。我相信自己有能力掌控自己的命运，在心灵上也和他人一样的自由。

心灵世界里的风景、人物和喜怒哀乐都应该是对真实世界生动具体的反映。在我的憧憬中，大学的讲堂中应该充满了先贤圣哲们的精神和思想，而教授们则是智慧的化身。但是进入大学不久我就发现，大学生活并非像我想象的那么浪漫。我幼时对大学的许多美好的

康庄大道

康庄大道指宽阔平坦、四通八达的大路，常用来比喻美好的前途。此词的释义最早见于《尔雅·释宫》："四达谓之衢，五达谓之康，六达谓之庄。"

忙碌的大学生活使海伦丧失了自我对话的空间。

莫里哀

莫里哀（1622年～1673年），法国古典主义喜剧的创始人。其著名作品有《伪君子》《唐·璜》《悭吝人》等，内容贴近现实生活，语言诙谐生动。

憧憬也渐渐褪掉了绚丽的色彩，变得平淡无奇了。

我发现上大学也有很多不足之处。首先，让我感触最深的是自己没有了独立思考和自我反省的时间。在这之前，我常常独自静坐，聆听从心灵深处发出的美妙乐章。而只有在安静闲暇、不受外界打扰的时候，我热爱的那些诗人的美妙诗句，才能拨动我久已平静的心弦，激发我心灵中的幽深而甜美的和音。这时候，我习惯于在黄昏时独坐，静听来自心灵深处的旋律。

现在，人们进大学似乎仅仅是为了学习，而不是思考，我们的心灵已经丧失了自我对话的空间。自从踏进了大学的校园，我就将许多最宝贵的乐趣——沉思、想象等一起拒之门外了。或许，我应该这样安慰自己：现在的忙碌是为将来的享受做准备。但我偏偏是个没有长远打算的人，宁可追求眼前的快乐而不愿未雨绸缪。

大学第一年的功课有法文、德文、历史、英语写作和英国文学。法文课上，我欣赏了高乃依、莫里哀、拉辛、阿尔弗、雷德·德米塞和圣·贝夫等名家的作品；德文方面读了歌德和席勒等人的散文、小说和诗歌。历史方面，我很快就把从罗马帝国的灭亡到18世纪的历史复习了一遍；在英国文学方面，我欣赏了弥尔顿的诗歌和他的《阿罗派第卡》，并学会用批判的眼光对其内容进行分析。

我常常怀疑自己是如何克服各种困难，继续我的大学学业的。在课堂上，我感觉自己很孤独，尽管周围坐满了人。教授是那么遥不可及，尽管莎莉文老师尽可能快地将讲课的内容都拼写在我手上，可是在匆忙中，老师的讲课特点就体现不出来了。我的脑子飞速地追赶着那些写在我手上的字，就像追逐野兔的猎犬，常常感到力不从心。

不过，我自信那些能记笔记的女生并不比我强多少。一个人如果总是忙于机械地记笔记，他很可能会顾此失彼，也就不可能把心思都用在听讲上，不可能领略到老师讲课内容的精髓。

我不能像其他人一样记笔记，因为我的手正忙于听讲。只有在回到家后，我才能凭借记忆记录下当天的讲课内容，仔细温习一遍。我用打字机做练习，完成短篇作文、评论、小测验、期中考试及期末考试等。在开始学习拉丁文韵律时，我自己设计了一套符号，它能代表诗歌的格律和音韵，我还将它详细地解释给老师听，老师对我的做法十分赞同。

弥尔顿：约翰·弥尔顿（1608年~1674年），英国诗人、政论家。弥尔顿早期的作品深受人文主义思想的影响，代表作有《快乐的人》《科马斯》等诗篇。他晚年创作出诗剧《失乐园》，场景壮阔，气势恢宏，为英国诗剧的杰出代表。

我使用的打字机是汉蒙德牌的，这是在尝试过多种品牌后的选择。这种打字机最能满足我的各种学习需要，因为它有好几种活动字板，包括希腊文、法文或数学符号，我可以根据需要选择其中任意一种。要是没有它，我简直不知道我还能不能完成大学的学业。

海伦将自己设计的拉丁文符号解释给老师听，老师十分赞同。

我所学习的各种课程中，仅有少数教材是有盲文本的，因此我不得不请别人把书本上的内容拼写在我手中，这样一来，我预习功课的时间就要比别的同学多得多。有时为了一点儿小事也要花费很多的心血，我就难免会

宾夕法尼亚州

宾夕法尼亚州是美国东部的一个州，面积11.9万平方千米，境内交通便利、工业发达。费城市位于该州东南部，为全州最大的城市。位于费城美国独立历史公园内的独立大厅（见图）是美国著名的建筑。

在别的同学享受课间休息时，海伦还得抓紧时间预习功课。

急躁起来，这时我往往不能把精力集中在学习上。一想到要花费好几个小时才能读完几个章节，而别的同学这时都在外面唱歌、跳舞，尽情地玩耍，我就更觉得无法忍受了。

但是过不了一会儿我就会重新振作起来，将心中的烦闷统统抛在一边。因为一个人如果想得到真才实学，就必须有足够的勇气，必须敢于独自攀登奇山险峰。既然没有通往黄金彼岸的捷径，那我就心甘情愿地走迂回曲折的小路吧。尽管路上我曾跌倒过好多次，有时刚爬起又会被隐蔽的障碍所绊倒，但我还是会振作精神继续向上攀登的。

而每得到一点进步，我便觉得备受鼓舞，心中又充满了喜悦。我的干劲儿越来越大，决心也越来越坚定，于是我不停地攀登，视野越来越开阔，修养也不断得到提高。我的每次斗争都是一次胜利，与成功的距离越来越近，我深信只要再加一把劲儿，就能到达璀璨的云端、蓝天的深处——我希望中的顶峰。

在奋斗中我并非永远是孤独的，威廉·韦德和宾夕法尼亚盲人学院的院长艾伦先生，尽量为我提供凸印本书籍。他们对我的关心和热切帮助，给了我莫大的鼓舞，使我的信心倍增。

在拉德克利夫学院学习的第二年，我学习了英文写作、英国文学、圣经、美洲和欧洲的政府制度、古罗马诗人贺拉斯的抒情诗和拉丁喜剧。写作课的课堂总是那么生动活泼、诙谐有趣。斯普兰是我最钦佩的讲师，他上课时总能引证一些原始而有力的新鲜资料，把文学作品的气势和韵味淋漓尽致地表达出来，语言简练，绝不拖泥带水。在他讲课的短短一小时内，我简直完全陶醉在文学大师们所创造的永恒的美好境界中，并深深敬佩大师们的高尚情操。他还能让我们全身心地领略《圣经·旧约》的庄严的美，乃至忘记了上帝的存在。

而当我走出教室时，我觉得自己已经"窥见灵魂和外形永恒而和谐地结合在一起，真与美在古老的枝丫上又长出了一个新的芽苞"。

海伦对斯普兰老师的讲课内容非常感兴趣，"听"得聚精会神。

这一年是我最快乐的一年，因为我对所学习的功课都特别感兴趣，如经济学、伊丽莎白时代的文学、乔治·L.基里奇教授主讲的莎士比亚文学、乔赛亚·罗伊斯教授主讲的哲学史等。透过哲学，我们可以与远古时代那些朴素的思想家们交谈，而在这之前，我甚至觉得他们的思想不可理喻。

我曾将大学想象成万能的文化古都，但在现实中我的幻想被打破了。在这里，我仍然见不到古代的那些伟人和智者，甚至无法感觉到他们的存在。他们确实是存在的，只是他们的思想已经僵化，需要从断壁残垣中将他们发掘出来，加以解剖和分析，这样才能确定他们是不是弥尔顿或以赛亚，或只是伪装的而已。

领悟应该比理性的分析更重要，许多学者都没有意识到这一点。他们忽略了该让学生们领悟文学作品中的

贺拉斯:贺拉斯(公元前65年～前8年)，古罗马著名诗人，擅长写抒情诗，风格辉煌壮丽。贺拉斯提出了"文学作品具有教育功能"的观点，这在当时是前所未有的。

海伦懂得欣赏一朵带露的鲜花，并认为欣赏文学作品也应该这样。

花的结构

花一般由花梗、花托、花萼、花冠、雄蕊和雌蕊组成。花梗为连接花朵和茎的部分；花托支撑着花朵；花萼和花冠保护花的内部结构；雄蕊和雌蕊为花朵的主要部分，负责传粉和果实的发育。

感性的美，所以尽管他们费了很大精力进行讲解，却没能在学生的头脑中留下多少印象。这种分析讲解对我们来说是徒劳的，就如同成熟了的果实从枝头坠落一样，很快从我们的心头掉落。

就算我们了解了一朵花的结构，了解了它的根、茎、叶之间的关系，甚至它的整个生长过程，但是我们仍然不懂得如何欣赏一朵带露的鲜花。我常常纳闷："为什么要为这些说明和假设而费尽心思呢？它们看起来毫无用处。"许多看似理性的说明和假设在我的脑海里飞来飞去，就像一群瞎眼的鸟儿在徒劳地扇动双翼。我并不是反对对名著进行透彻的理解，只是不赞成那些使人困惑的无休止的评论和令人难堪的评判，因为它们只能给人一种印象：世界上有多少人就有多少种观点。但是像基特里奇教授这样的大师的讲课，则会令你茅塞顿开，因为他简直把莎士比亚讲活了。

有好多次我真想把要学习的知识丢掉一半，因为很多内容只会让人白费力气，它让人的心灵承受了沉重的负荷，容纳不了那些真正有价值的东西。要想在一天之内读四五种不同语言、内容还相差甚远的书，则根本不可能保持清醒的头脑。

试想，如果一个人整天在匆忙而紧张的气氛中读书，同时还在想着大大小小的测验，那他的头脑中肯定塞满了杂乱无章的知识的碎片，这些碎片一点儿用处也没有。目前，我的脑子里就塞满了乱七八糟的东西，一时半会儿根本理不出头绪来。每当我试图将头脑中的东西理顺时，就好像是闯进了瓷器店里的公牛，各种知识的残片如同冰雹一样铺头盖脸地朝我打来。我好不容易躲过了它们，各种论文和考试又像鬼怪一样对我穷追不舍。对这些特地前来拜访的偶像，我实在不敢恭维，甚至想立即将它们打个粉碎。

冰雹的形成

冰雹产生于空中气流的强烈对流。当地面温度很高，而高空的温度很低时，空气中形成下热上冷的空气柱，空气柱发生强烈对流，形成冰块。冰块越积越大，当气流支持不住时，就成为冰雹降落到地面。

大学中最令人头疼的还是各种各样的考试。虽然我已多次设法通过，可刚刚将它们打倒在地，它们又马上爬了起来，露出一副狰狞的面孔，朝我扑来，吓得我魂不守舍。考试的前几天我拼命地往脑子里灌输各种复杂的公式和无法消化的年代资料——犹如强行咽下无法入口的食物，这时我真希望自己和书本一起葬身海底，一了百了。

但是可怕的时刻还是来临了。在拿到试卷后，如果你觉得胸有成竹，脑海里的东西也能为你所用，那你就是个幸运儿了。

海伦对考试十分厌烦，因为她在考试中面临的困难太多了。

但往往是不管你的"军号"吹得多么响亮也无济于事，记忆和精确的分辨能力总在你最需要它们的

时候飞得无影无踪，真叫你气个半死。

而你千方百计装到脑子里的东西，在紧要关头往往变成一片空白。"简单叙述胡斯及其事迹。"胡斯？谁是胡斯？他是干什么的？这个名字听起来再熟悉不过了，可当你搜寻它时，却像在一个碎布包里找出一小块绸子来那么难。我的脑子在苦苦思索：这个问题我肯定背诵过，它似乎就在眼前，而且那天回想宗教改革的发端时我还曾碰到过它——但现在它却远在千里之外了。我把脑子里所有的东西一古脑儿倒了出来，在其中一一寻找：历次革命、教会的分裂、大屠杀、各种政治制度等。但是胡斯又到哪里去了呢？

还有更令人气恼的东西，你花了很长时间去背诵的东西，试卷上却一个也没出现。万般无奈之下，我只得把脑子里的东西都倒了出来，啊！总算在角落里找到了一个答案。你累得精疲力竭之时，它却在那里独自沉思，一点儿也不体谅它给你造成了多大的困难。而刚刚就在此时，有人通知考试时间已经到了。

你只得以十分厌恶的心情把刚从"百宝箱"中搜肠刮肚找出来的一堆无用的东西扔到

胡斯:胡斯（1372年~1415年），捷克民族英雄，他领导了反对天主教会压迫的战争（史称胡斯战争），给整个欧洲的宗教势力以严重的打击。后遭到诱捕，被判火刑处死。

海伦往往在考试时忘掉了刚刚背诵的东西，这令她十分苦恼。

角落里去，脑子里不禁涌现出一个大胆的念头：教授们不征求同意就提问的这种神圣权利应该废除。

在本章的最后一部分，我使用了一些不太形象的比喻，可能会让人啼笑皆非。那闯进瓷器店里受到冰雹袭击的公牛，还有那些有着恶狠狠的面孔的鬼怪似乎都不伦不类，但这确实是对我当时的心境的贴切的描述，所以即使它们现在在嘲笑我，我也只能装聋作哑，不予理睬，甚至还会装出愉快的样子，作为对它们的回击。而且，在此我要郑重地说明，我对大学的看法已经改变。

海伦喜欢悠闲自在地散步，她觉得知识也是在细细品味的过程中吸取到的。

在进入拉德克利夫学院以前，我把大学生活想象得十分浪漫，如今这种浪漫的光环早已消失。只是在从浪漫向现实的过渡中，我同样学到了许多东西。我敢说，如果没有这段经历，我是不可能对某些东西有所领悟的。我所学到的宝贵经验之一就是耐心。我们接受教育要像在乡间小路上散步一样，从容不迫，悠闲自在。要以宽广的胸怀来容纳知识，要懂得博采众长，兼收并蓄。这样学得的知识就好像无声的潮水，把各种深刻的思想不露痕迹地冲到我们的心田里。

"知识就是力量。"或许更应该说知识就是幸福。因为有了博大精深的知识，人类才能去伪存真，发掘人类思想中的精髓。掌握了标志着人类进步的种种思想和历史，就是摸到了人类几千年来发展的脉搏。如果一个人不能从这种脉搏中感受到人类崇高的理想，那他就听不懂生命的美妙乐章。

瓷器的制造

瓷器是一种工艺化学产品，美观实用，深受人民的喜爱。瓷器是我国独创的发明之一。我国制造瓷器的历史，最早可以追溯到商代。以瓷土（含有高岭土、长石、石英等成分）作胎，表面施以玻璃质釉，经1200℃以上的高温焙烧，即可制成瓷器。

22
我和书本的不解之缘

在波士顿柏金斯盲人学校时，海伦经常在图书馆读书。

至此，我已对自己的生平作了一些简略的介绍。但我还未告诉大家我是何等地嗜书如命。我对书籍的依赖程度远远超过普通人，因为我获取知识的主要途径就是读书。

1887年5月，我第一次读完了一篇短篇小说，那时我才7岁。也就是从那时起，我开始如饥似渴地阅读我接触到的一切书籍。最初我只有几本凸印本书籍、一套启蒙读本、一套儿童故事和一本名为《我们的世界》的地理书。我将它们读了一遍又一遍，直到上面的字迹已严重磨损。

有时候，莎莉文老师把她认为我能懂得的故事和诗歌写在我手上。但我更愿意自己读，因为我喜欢一遍又一遍地欣赏自己觉得有意思的作品。

但我真正开始读书，还是在去波士顿上学以后。在学校里，老师允许我每天花一些时间到图书馆看书。我常常在书架前走来走去，随意阅读我翻到的每一本书。尽管我认识的文字很少，词汇量很有限，对书中的内容也不甚理解，但我照读不误。因为光是文字就让我着迷，至于书中写了什么，我就不甚关心了。

启蒙:使初学的人得到基本的、入门的知识。

那段时间我的记忆力很好，很多字句我并不明白，但却牢牢地记住了它们。后来当我学会说话和开始写作的时候，这些字句就自然而然地冒了出来，朋友们都惊讶于我丰富的词汇。

但那段时期我读的一直是某些片断和诗歌，直到我发现了《方德诺小爵爷》这本书，我才第一次真正把一本书读完并弄懂。

8岁那年，莎莉文老师发现我在图书馆的一个角落里翻阅小说《红字》。她问我喜不喜欢书中的主人公皮尔，还给我讲解了几个生词，然后她告诉我她有一本小说，写的是一个小男孩的故事，它非常精彩，比《红字》更有意思，这本书就是《方德诺小爵爷》。莎莉文老师答应到夏天时读给我听，但我们直到8月份才开始读这本书。

我们住在海边的几个星期里，许多新奇有趣的事情使我忘记了这本小说。后来莎莉文老师又去波士顿看望一位朋友，这样我们又分开了一段时间。等莎莉文老师回来后，我们做的第一件事就是读《方德诺小爵爷》。记得那是8月里一个炎热的下午，吃过午饭后，我们向屋子不远处两棵松树之间的吊床走过去。当我们穿过草地时，许多蚱蜢跳到衣角上，莎莉文老师一定要把它们弄干净才肯坐下来，而我觉得这完全是浪费时间。吊床上落了一层厚厚的松针，在灼热的阳光下散发出一阵阵的松香。

开始读书前，莎莉文老师简单地给我介绍了一下小说的背景，并在阅读的过程中不时给我讲解生字，但我因为迫不及待地想了解故事的情节，对莎莉文老师的讲解感到很不耐烦。而当她因为手指

吊床

两端挂起来可供人睡觉的床具，多用网状编织物、帆布等制成。

《红字》：美国著名作家霍桑（1804年~1864年）的代表作品。《红字》以爱情悲剧为主题，探讨了社会现状和人类命运之间的关系，以及"善"与"恶"的哲理，寓意深刻。

莎莉文老师从波士顿回来后，海伦立即让她读《方德诺小爵爷》。

兰姆：查尔斯·兰姆(1775年~1834年)，英国著名的随笔作家，代表作有《瓦尔登湖》、《伊利亚随笔集》等，其随笔大多描写田园风光，文笔清新、富含哲理。

拼写得太累不得不停下来时，我就急得难以忍受，自己动手去摸书上的字。这种急切的心情，我至今也忘却不了。

安那诺斯先生也被我的这种热情所打动，亲自把这部小说印成了凸印本。我读了一遍又一遍，最后简直能倒背如流了。《方德诺小爵爷》成了我童年时代最亲密的伙伴。

读完《方德诺小爵爷》以后的2年中，我在家中和波士顿读了很多书。其中有些书的名字和作者已被我忘记了，但我还清楚地记得《希腊英雄》、拉·封丹的《寓言》、霍索恩的《神奇的书》和《圣经故事》、兰姆的《莎氏乐府本事》、狄更斯的《儿童本英国历史》以及《天方夜谭》、《瑞士家庭鲁滨逊》、《天路历程》、《鲁滨逊飘流记》、《小妇人》和《海蒂》。《海蒂》是一个美丽的故事，我后来还读过它的德文本。

我在学习之余读这些书，越读越有兴致。至于这些书写得是好是坏，它的文风和作者的情况怎样，我从来不去分析。作者们将自己的思想珍宝以文字的方式呈现在我的面前，我就像接受阳光和友爱一样接受了它们。

我喜欢《小妇人》，因为它使我感觉自己和正常的孩子们心心相通。既然我的生命有缺陷，那就让我从书中去探寻外部世界的信息吧。

安那诺斯先生送给海伦凸印本的《方德诺小爵爷》，海伦爱不释手。

23

我的乌托邦

我读书完全凭自己的喜好，不会在意他人对这些书的评论。我不喜欢《天路历程》和拉·封丹的《寓言》。最初我只是简略地读了一遍英文版的《寓言》，后来读了法文的原版，尽管其故事生动，语言简练，但依然无法激起我的好感。我对将动物写得像人一样的书都不感兴趣。我觉得这样写很古怪，也就没心思去领会其中的寓意了。

而且，拉·封丹的作品不能激发人类高尚的情操。在他看来，人最重要的东西是自爱和理性，其作品中始终贯穿着一个思想，即个人的道德来源于对自己的爱，人只需用理性来驾驭这种爱，就能获得真正的幸福。

海伦喜欢在放松的环境中读书，细细地领略书中的内容。

而在我看来，自私的爱是万恶之源。当然，也许我是错的，因为拉·封丹对人类的观察要比我丰富得多。我并不是批判讽刺性寓言，只是觉得没有必要由猴子和狼来宣扬伟大的真理。

和以动物为主角的寓言故事相比，我更喜欢《丛林之书》和《我所了解的野生动物》，因为这些书描写的是真实的动物，而不是拟人化的。它们的喜怒哀乐都牵动着我的心。它们的滑稽举动时常逗得我大笑不止，而我对它们的悲惨遭遇也非常同情。书中即使包含了一些深刻的寓意，也会十分含蓄，你需要细细品味才会发现。

《丛林之书》

英国小说家吉卜林所著。书中写的是印度丛林中动物的生活，情节紧凑，形象生动，感情真挚。

课余时，海伦用大部分时间来读书。

《伊利亚特》史诗：希腊诗人荷马的长篇巨作，描写了公元前12世纪希腊联军统帅阿伽门农和希腊联军主将阿喀琉斯之间发动的战争。史诗以英雄业绩为中心，描写了宏大的战争场面，大力歌颂了勇敢无畏的精神。

美狄亚

希腊神话中的一名女子。她帮情人报了仇，却被情人抛弃，她盛怒之下杀了情人和自己的儿子。

我对历史也有一种偏好，心中一直激荡着一种自然而快乐的思古幽情。古希腊有一种神秘的力量在吸引着我。在我的想象中，希腊的天神们依然在地上行走，与人类进行面对面地交流。

我还在思想的神殿里虔诚地供奉着我最敬爱的神灵。希腊神话中的仙女、英雄和半神半人，我对他们不仅熟悉而且非常喜爱——不，也不完全如此，因为美狄亚和伊阿宋的残忍和贪婪，简直令人无法忍受。直到现在我还纳闷，为什么上帝在他们干了那么多坏事后才惩罚他们，也不明白为什么"妖魔嬉笑着爬出殿堂，上帝却视而不见，无动于衷"。

《伊利亚特》史诗使我把古希腊看成了天堂。早在阅读原文前，我就对特洛伊的故事了如指掌了。在掌握了古希腊文的语法以后，我读得就更加顺畅了，那些希腊文字把它们所蕴藏的宝藏都交了出来。

伟大的诗篇其实并不需要翻译，不论是英文还是古希腊文，只需要你设身处地地去感受作者的心情。遗憾的是，一些伟大的作品往往被人们牵强附会的解释和评论所扭曲，要是那些为这种伟大诗篇作分析、整理与注释的大师们，能懂得这个简单的道理该有多好！他们辛苦的工作不仅徒劳无益，而且把原作弄得面目全非。欣赏一首好诗，根本不需要弄懂其中的每一个字，也无须弄清楚词法和句法。

那些有学问的教授们，从《伊利亚特》史诗中挖掘出的东西比我多得多，但我从不羡慕。我并不羡慕别人比我聪明，他们纵然拥有广博的知识、敏锐的领悟力，但也无法表达出对这首光辉的史诗的欣赏究竟到了什么程度。当然，我自己也无法表达出来。每当我读到《伊利亚特》最精彩的篇章时，就感到已经从狭窄的生活圈子里解脱出来了，我的灵魂在升华，它脱离了形骸，悠然飘荡于广阔无垠的天地之间。

《伊索德》不如《伊利亚特》那么让我着迷，但我仍然很喜欢它。读《伊索德》的时候，我尽量不借助词典，而是凭感觉去领会它的每一个细节。我还试着用英文翻译了一些精彩的篇章。维吉尔描绘人物的本领真是太强了，但他笔下的天神和凡人好像都蒙上了一层伊丽莎白时代的面纱。而在《伊利亚特》中，天神和凡人都是欢快的、又唱又跳的。维吉尔笔下的人物柔美静谧，好似月光下的大理石阿波罗像，而荷马则是阳光下秀发飘动的俊逸而活泼的少年。

在书的世界里遨游，真是快乐无比。从《希腊英雄》到《伊利亚特》，只需要一天的时间。但在很多时候，阅读的过程并不都是轻松的。当他人已经周游世界好几遭，领略了一番神奇的境界时，我往往还在语法和词典的迷途里筋疲力尽地徘徊，或者正要掉进恐怖的陷阱。这个陷阱就是考试，它是学校专门用来同那些寻求知识的学生作对的。

在书海中漫游的过程就像《天路历程》，最后可能会渐入佳境，但整个过程实在是太漫长了，尽管途中偶尔也会出现几处引人入胜的景致。

维吉尔：维吉尔（公元前70年~前19年），古罗马最重要的诗人。其代表作《埃涅阿斯纪》是一部著名的史诗，堪称罗马文学的巅峰。《伊索德》为神话故事，表现了天神和凡人之间的纠葛。

海伦热爱阳光，她觉得荷马就是阳光下秀发飘动的俊美少年。

希腊故事

希腊故事是文艺复兴时期欧洲画家们喜爱选择的题材。其中《众神聚宴》（见图）出自意大利画家贝利尼之手，描写希腊众神野外聚餐的情景，场面宏大，形象生动。

希伯来人：犹太人的祖先，发源于阿拉伯半岛南部沙漠腹地，于公元前3世纪迁到了阿拉伯半岛西北部的迦南地区（今巴勒斯坦地区）。希伯来人为《圣经》的创始者，《圣经》中渗透了希伯来人吃苦耐劳、信奉上帝的文化。

海伦对表姐讲的《圣经》故事不感兴趣，不知不觉睡着了。

在我还不能充分领略《圣经》中的寓意的时候，我就开始接触《圣经》了。奇怪的是很长一段时间内我都无法真正体会《圣经》中的和谐美妙。

记得在一个星期天的早上，窗外下着细雨，我百无聊赖，便让表姐为我读一段《圣经》中的故事。尽管她觉得我可能会听不懂，但仍然在我手上拼写约瑟兄弟的故事。我听了确实一点兴趣也没有，只觉得奇怪的语言和不断的重复使故事听起来很不真实，更何况天国是那么遥不可及。还没等她讲到约瑟兄弟穿着五颜六色的衣服进入雅各的帐篷里去撒谎，我就呼呼地睡着了。

我至今还弄不明白为什么希腊故事比《圣经》里的故事更能引起我的兴趣。这或许是因为我在波士顿时认识了几位热心的希腊朋友，他们对希腊故事的热情感染了我。

相反地，我从来没遇到过一个希伯来人或埃及人，由此我便推断他们只不过是一群野蛮人，他们的故事也都是后人编出来的。我觉得《圣经》中的名字和重复的叙述方式十分古怪，相反，我从未觉得希腊故事中的人名古怪。

那么，后来我又是如何发现《圣经》中的光辉之处的呢？这些年来，我读《圣经》时受到的启发日渐增多，《圣经》渐渐成了我最珍爱的一本书。但我对《圣经》中的内容也并非全盘接受，因此也从未一口气把它读完。尽管我后来更多地了解了《圣经》产生的历史渊源，我的热情并没因此增长多少。

我和豪威斯先生都认为应该将《圣经》中一切丑恶和野蛮的东西清除掉，但我们同时也反对把这部伟大的作品改得面目全非，毫无生气。

《旧约》中《以斯书》的篇章简洁明快，引人入胜。尤其是以斯面对自己邪恶的丈夫时的场景，极富戏剧性。尽管她清楚地知道自己的生命掌握在对方的手上，没有人能够拯救自己，但她克服了女性的懦弱，勇敢地对抗自己的丈夫。高尚的责任感和强烈的爱国精神鼓舞着她，在她心中只有一个念头：“如果我必须死，那就死吧！但是如果我活了下来，我的人民也都将获得新生。”

路德的故事洋溢着神秘的东方色彩，其中朴实的乡村生活同繁华的都市之间形成了鲜明的对比。路德忠贞而满怀柔情，读到她和那些收割庄稼的农民一起，站在翻滚的麦浪之中时，我的心中充满了怜惜之情。

海伦和豪威斯先生对于《圣经》的看法一致。

在那个黑暗的年代里，路德的无私和高尚的情操，如同暗夜里的繁星照亮了苦难的众生。她的爱足以超越“矛盾的教义”和根深蒂固的“种族偏见”，这种爱是世上少有的。

《圣经》给了我深远的慰藉：“看得见的东西是短暂的，看不见的东西才会永恒。”

自从我喜欢上读书以后，我就一直喜欢读莎士比亚的作品。我已经记不清自己是何时开始读兰姆的《莎氏乐府本事》的，那时我仅仅以儿童的好奇心和理解力去感受它。《麦克白》给我的印象最深，这本书我虽然只读过一遍，但书中的人物和故事情节却永远铭刻在了我

以斯：以斯是《圣经》中的人物。她是个犹太孤儿，因美貌被选为波斯皇后。后来国王打算消灭犹太人，以斯隐瞒了自己的犹太人身份，冒着生命危险与国王周旋，拯救了犹太人。

海伦在读到《李尔王》中的激烈情节时，激动得无法自已。

《李尔王》
莎士比亚著名的悲剧。讲述一个国王将国土赏赐给两个大女儿，将小女儿遗弃，后来两个大女儿抛弃了父亲，小女儿却挺身而出，救助父亲的故事。作品展示了正义与邪恶的激烈斗争，发人深省。

的记忆中。在很长一段时间里，书中的鬼魂和女巫总是跑到我的睡梦中来纠缠我。我仿佛看见了那把沾满血迹的剑和麦克白夫人纤弱的手——那恐怖的颜色在我看来是那么真实，我眼前总是浮现出那令人胆战心惊的血迹，就像王后亲眼见到的一样。

读完了《麦克白》，我又接着读《李尔王》。在读到格洛赛斯特的眼睛被挖出来时，我浑身都紧张起来，恐怖笼罩了我的身心。我感觉愤怒到了极点，以至于再也读不下去了。很长一段时间我都在那儿发呆，只听见心脏扑通扑通地乱跳，血液涌向我的脑门——一个孩子所能感受到的全部恨意都汇集在我的心中了。

这时候，我还读了莎士比亚的《威尼斯的商人》和弥尔顿的《失乐园》。夏洛克和撒旦是同时进入我脑海中的两个形象，我一不小心就会将他们混淆。我对他们充满了同情，甚至隐隐约约地觉得，即使他们希望改过自新，恐怕也没有机会，因为没有人愿意帮助他们或是给他们一个机会。直至今天，我依然无法把他们想象成十恶不赦的人物，甚至觉得像夏洛克、犹大，甚至魔鬼这些人，也只不过是好端端的车轮上一根折断了的车轴，总有一天会修好的。

令我不解的是，我最初阅读莎士比亚的作品时，竟然有一些不太美好的回忆。那些欢快、温和而又富于想象的剧作一开始并没引起我的注意，也许是因为它们反映的是童年的生活情景，而这些我是最熟悉不过的了。然而"世上最变幻莫测的就是儿童的想象。留下了什么，摒弃了什么，都是很难预料的"。

莎士比亚的剧本我读过许多遍，其中的一些片断我已经能够背诵了，但至今我也说不清我最喜欢哪一本。

我对它们的喜爱同每日的心情一样变化多端,他的小诗和十四行诗像他的戏剧一样新鲜美妙。尽管我喜欢读莎士比亚的作品,但我却反对按照评论家们的观点来赏析这些作品。我曾经努力按照评论家们的解释来理解作品,但常常以失败告终,最后发誓再也不这样读书了。直到后来我在基特里奇教授的指导下学习了莎士比亚的作品,我才逐渐改变了这个想法。

现在我终于懂得,不仅仅在莎士比亚的著作里,在整个世界上,都有许多东西是我所不能理解的,必须凭借他人的帮助。我很高兴能看到一层层的帷幕被渐渐揭开,显露出思想的美好境界。

除了诗歌以外,我对历史也有浓厚的兴趣。我阅读了自己能接触到的所有历史著作。从各种枯燥的大事记,到单调和繁琐的年表;从格林所著的公正而又生动的《英国民族史》;到弗里曼的《欧洲史》和埃默顿的《中世纪》,都是我阅读的范围。但真正让我体会到历史的真正价值的书则是斯温顿的《世界史》。这本书是我在12岁生日时收到的礼物,现在已经破旧不堪了,但我依然像珍藏珍宝一样收藏着它。从这本书中我了解到世界上各个民族如何逐步发展起来并建立起了城市;少数伟大的统治者(他们是人世间的坦泰)是如何掌控一切,给千百万人民带来幸福;人类是如何创造了灿烂的文明,并为历

格林:格林(1837年~1883年),英国记者,著有《英国人民史》。其作品关注的是历史发展中的社会、经济发展状况。

在基特里奇教授的指导下,海伦对莎士比亚的作品有了更深刻的理解。

拉辛

拉辛（1639年～1699年），法国剧作家、诗人，法国古典主义悲剧代表作家之一，主要作品有诗剧《安德罗马克》等。

史的发展开辟道路；人类文明怎样经受住惨重的浩劫，然后像不死鸟一样重生；伟大的圣贤们又是如何为倡导自由、宽容而奋斗，为拯救全世界而披荆斩棘。

大学里我读得最多的就是法国和德国的一些文学作品。德国人在生活和艺术上都强调力量而不一味追求美感，他们追求真理而不拘泥于世俗。他们做任何事都有一股强劲的活力，他们说话不是为了对别人造成影响，而是为了一吐为快。我觉得德国文学最大的光辉在于它肯定了妇女所作出的自我牺牲。这种思想几乎渗透到了所有的德国文学作品中，在歌德的《浮士德》中表现得尤为显著："那昙花一现，不过是象征而已／人间的缺憾，也会成为圆满／那无法形容的，这里已经完成／妇女的灵魂引导我们永远向上。"

在法国作家中，我最喜欢莫里哀和拉辛。巴尔扎克和梅里美的作品也很清新喜人，犹如海边吹来的习习凉风。阿尔弗雷德·缪塞简直不可思议！至于雨果，尽管我不是很喜欢他的作品，却十分钦佩他的才华。雨果、歌德、席勒及其他伟大作家的作品，表现的都是人类永恒的主题，他们的作品带我走进了真、善、美的境界。

海伦喜欢在海边散步，感受那习习的凉风。

前面我已经提到了很多伟大的作品，他们都出自我最喜爱的作家。也许有人认为我的阅读面很窄，但这种看法其实是很片面的。事实上，每位作家都有自己独特的风格，如卡莱尔的粗犷和他对虚伪的憎恶，华兹华斯主张人

海伦常到马克·吐温家做客，
并与他结下了深厚的友谊。

与自然统一的观点，胡德古怪惊人的笔调，赫里克的典
雅以及他的诗歌中饱含的百合花和玫瑰的香味儿，这些
都对我有深远的影响。我还喜欢惠蒂尔的热情正直，我
曾经和他见过面，我们之间的友情又使我格外喜欢读
他的诗。我还喜欢马克·吐温——谁能不喜欢他呢！连
天神也赋予他全部的智慧，为了不使他成为悲观主义
者，又在他的心田上搭起一道象征爱和信仰的彩虹。我
爱司各特的不落俗套、泼辣和诚实。我爱所有像洛厄尔
那样的作家，他们的心中充满了乐观，那是欢乐和善意
的源泉，有时带点愤怒，有时又有点同情和怜悯。

　　总而言之，文学是我理想的乐园，在这个乐园里，
我享有一切权利。生理上的缺陷阻挡不了我和伟大的智
者们交流，领略他们博大的精神境界。我所学到的东西
与智者们本身所具有的博大的爱和高尚的仁慈相比，简
直是微乎其微了。

司各特：司各特（1771年~1832
年），英国小说家、诗人，代表作
有《撒克逊劫后英雄传》、《威弗
利》等。

24

多姿多彩的生活

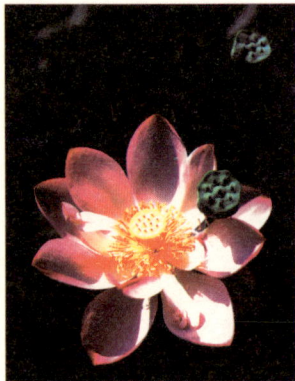

睡莲

多年生水生草本植物，根状茎短，长在水底；叶子有长柄，叶片马蹄形，浮在水面；花朵为白色，也有黄、红等颜色。供观赏。

在前面我谈到了读书的乐趣，大家不会以为我唯一的消遣就是读书吧，其实我的乐趣是很多的。

我非常喜爱田野漫步和户外运动。很小的时候我就学会了划船和游泳。每逢在马萨诸塞州的伦萨姆度过夏天时，我整天都待在船上。没有什么能比朋友来访时一起出去划船更有乐趣的了。虽然我不能平稳地驾驭船只，但我能通过辨别水草和睡莲及岸上的灌木的气味来掌握方向。船桨用皮带固定在了桨环上，我从河水的阻力可以判断双桨用力是否平衡以及船是顺水还是逆水。我喜欢同风浪搏斗，让坚固的小船服从于我的意志和力量。当它轻轻地掠过波光粼粼的湖面，水波一阵阵涌来，船身上下荡漾时，那种感觉是多么美妙啊！

我也喜欢划独木舟。如果我说自己喜欢在月夜泛舟，你们也许会哑然失笑。是的，我看不见月亮从松树

海伦喜欢和朋友们在湖上荡舟。

后面悄悄升起，洒满我们经过的道路。但我能够感觉到月光的存在。当我疲惫地躺到垫子上，把手放进水中时，我仿佛看见月光正在水中荡漾，我的手指也能够触摸到她的衣裳。

偶尔有一条小鱼从我的手指间溜过，一棵睡莲温柔地亲吻我的手指。当小船从狭小港湾的隐蔽处驶出时，我会感到豁然开朗，好像有一股热气把我包围。我无法判断这热气究竟是从树林中还是水汽里蒸发出来的。在城市的其他地方我也感觉到了这种热气。在风雨交加的日子里，在漫漫暗夜中，这种感觉总是不经意地袭来，仿佛温暖的嘴唇在我脸上亲吻。

当海伦驾着小船从狭小的港湾驶出时，她能觉到眼前豁然开朗。

我最喜欢乘船远航。1901年夏天我在游览斯科舍半岛时，第一次领略到了海洋的魅力。莎莉文老师和我在伊凡吉林的故乡住了几天。朗费罗有几首描写这里的名诗，更增添了它的魅力。

我们还去了哈利发克斯，在那里度过了大半个暑假。在这个海港我们玩得非常痛快，简直像进了天堂。我们乘船去贝德福拜新、麦克纳勃岛、约克锐道特以及诺斯威士特阿姆，途中的感觉简直是太奇妙了。一些庞大的船舰静悄悄地停泊在海港中，深夜时我们悠闲地在船舰投下的黑影中划行，真是有趣极了！这些情景给我留下了永恒的美好回忆。

一天，我们遇到了一件惊心动魄的事情。西北海湾正在举行划船比赛，各艘军舰都派出小艇参赛。人们都乘帆船来观看比赛，我们的船也在其中。比赛时，海面上风平浪静，百帆争流。比赛结束后，大家调转船头准备回家。突然间一块黑云从远处飘来，渐渐遮满了整个

伊凡吉林的故乡：朗费罗的长篇叙事诗《伊凡吉林》中的女主人公伊凡吉林的故乡，在美国路易斯安那州的阿卡迪亚地区。

朗费罗：朗费罗（1807年~1882年），美国著名诗人，生于美国缅因州波特兰市。他于1836年开始在哈佛大学讲授语言、文学，为新英格兰文化中心剑桥文学界的重要人物，其主要诗作包括长诗《海华沙之歌》、《伊凡吉林》等。

在西北海湾，海伦经历了狂风四起时惊心动魄的一幕。

天空，霎时海风四起，巨浪翻滚。所有的小船都张开了帆布，大家对风浪毫不畏惧。小船迎着风浪在波涛中来回周旋，一会儿被推上浪头，一会儿又跌落下来。狂风呼啸着，船帆发出哗哗的响声。我们的心怦怦乱跳，双臂在颤抖，但是我们毫不畏惧，因为我们富有北欧海盗一样的冒险精神，相信船长能化险为夷。他凭着坚实的双手和锐利的眼光，已经克服过无数的险风恶浪。

从我们身边驶过的所有船只都向我们鸣笛致敬，水手们也大声欢呼，向我们的船长致意。当小船最终驶抵码头时，大家已经又饿又冷、疲惫不堪了。

去年夏天，我在新英格兰一个风景如画、清新迷人的幽静乡村里度过。而马萨诸塞州的伦萨姆仿佛与我有不解之缘，我的所有欢乐和忧愁，似乎都和它紧紧地联系在一起。钱布斯林一家居住在菲利浦王池畔的红色农庄里，多年来我一直将这里当成自己的家。每当想起与他们一起度过的快乐时光以及他们的热心照顾，我的内心就充满了感激。他们家的孩子都是我亲密的伙伴，我常常和他们一起做游戏，在树林中携手散步，或是在水中嬉戏。几个孩子常常围在我身旁，让我给他们讲妖精、小矮人、英雄和狗熊的故事，这一切我至今还难以忘怀。

钱布斯林先生还带我领略了树木和野花的美妙世界，我仿佛能听见橡树中树液的流动，看见阳光挥洒在树叶上的光辉。这种感觉就如同诗一样美妙："树根埋在阴暗的泥土里／却分享到树顶的愉悦／想象那充满阳

菲利浦王：17世纪下半叶印第安人各部落（美洲土著居民）的联合首领，于1675年至1678年领导了菲利浦王之战，反击英国殖民者对印第安人的宗教迫害，后被殖民者杀害。

光的天空／鸟儿在飞翔啊／那是因为与自然有着共鸣／所以我也理解了看不见的东西。"

在我看来，每个人都能理解人类有生以来的经历和情感，每个人的潜意识里都还残留着对青葱的大地、对潺潺流水的记忆。即使是盲聋人，也依然保留着这种先天的秉赋。这种秉赋是一种直觉——一种融合了视觉、听觉和触觉的灵性。

在伦萨姆我有许多树友，其中有一株十分壮观的橡树，它是我的骄傲。每逢有朋友来访，我总是会带着他们去欣赏这棵帝王之树。它矗立在菲利浦王池塘陡峭的岸边，据说已有800到1000年的历史了。传说中的菲利浦王——一位印第安人英雄首领，就是在这棵树下与世长辞的。

我的另一个朋友是一株生长在红色庄园里的菩提树，它比橡树还要温和可亲。记得在一个电闪雷鸣、风雨交加的下午，我感觉到从后墙传来巨大的碰撞声，没等他们告诉我，我就知道是菩提树倒了。我立即跑了出去，看看这位经受了无数狂风暴雨的英雄，它经过了奋力的拼搏，但终究还是倒下了，这真叫人心痛啊。

我还想再谈谈去年夏天的生活。考试结束后，我和莎莉文老师立刻前

菩提树

菩提树原产印度，属桑科常绿乔木。树皮黄白色，凸凹不平；树叶呈深绿色，不沾灰尘。因有佛教始祖释迦牟尼在菩提树下修成正果的传说，菩提树一直被当做圣树。

当海伦知道菩提树倒在了风雨中时，立即跑出去看它。

往伦萨姆幽静的乡间。伦萨姆有三个著名的湖泊，我们的小别墅就坐落在其中一个湖的湖畔。在那里，我可以尽情地享受阳光灿烂的日子，将工作、学习中的压力和城市的喧嚣全都抛在脑后。但即便是这样，我们依然脱离不了尘世，知道在遥远的太平洋彼岸正在进行着残酷的战争。

在远离乡间的城市中，人们终日纷纷攘攘，忙个不停，丝毫不懂得享受悠闲自得的乐趣。尘俗之事转瞬即逝，我们不必过分在意。而长满了雏菊的宽广的田野、沁人心脾的碧绿的草原，才是永恒的东西。

海伦喜欢待在开满鲜花的田野中，她觉得大自然才是人类永恒的归宿。

许多人都认为人对外界的感知是靠眼睛和耳朵来获得的，所以他们对我能分辨出城市的街道和乡间的小路感到很诧异。其实乡间的小道除了没有人行道以外，同城市的街道并没有什么两样。在城市中，各种各样喧闹的声音刺激着我的面部神经，我还能感觉到路上行人急促的脚步声。各种各样不和谐的声音扰乱着我的神经。载重机轧过路面时发出的隆隆响声，还有机器单调的轰鸣声，对于我这样一个需要集中注意力来分辨周围事物的盲人来说，简直是无法忍受的。

在乡间，人们感受到的是大自然的杰作，不必为城市中残酷的竞争而担忧。我也曾多次去过肮脏狭窄的街道，住在那里的人都很贫穷。想到有钱有势的人住在高楼大厦里，整日悠闲自得，而另一些人却不得不住在暗无天日的贫民窟里，忍受着饥饿和疾病的煎熬，我真感到愤愤不平。肮脏狭窄的小巷子里挤满了衣不蔽体、面黄肌瘦的孩子。我向他们伸出友好的手，他们却唯恐躲避不及，像是要挨打似的。让我更痛苦的是，一些成人

雏菊

菊科多年生草本植物，植株矮小，叶子为匙形或倒卵形，花朵呈白色或玫瑰红色。雏菊外观娇小玲珑，色彩雅致，是一种观赏植物。

的身体也由于饥饿和劳累而变得畸形。我抚摸着他们粗糙的手,觉得他们的生存就是一场永不停休的斗争——不断地挣扎,然后失败的斗争。他们付出的是那么多,可是得到的却少得可怜。我们常说上帝把阳光和空气赐给所有的人,可是事实上并不是这样。在城市肮脏的小巷里,空气污浊,终日见不到阳光。世人啊,你们怎么能置自己的同胞于不顾呢?当你们每顿饭前祷告"上帝赐给我面包"时,他们却食不果腹。

我真希望人们都抛开喧嚣嘈杂的城市生活,回到森林和田野,过着简朴的生活!那样孩子们就能像挺拔的松树一样茁壮成长,他们的思想也会像路旁的花儿一样芬芳纯洁。这些都是我在城市生活一年以后,回到乡村以后的感想。

现在,我又重新踏上了松软而富有弹性的土地,又可以沿着绿草茵茵的小路,走向蕨草丛生的小溪,用双手感受清凉的溪水了。我还经常翻过石墙,奔向广阔的绿色田野。

除了散步外,我还喜欢骑着双人自行车到处游玩。凉风迎面吹拂,自行车在脚下奔腾,这种感觉是多么惬意啊。逆风行使让我感到轻松愉快,仿佛浑身的每一个毛孔都在舒张。

在散步、骑马和划船时,我总是带上自己心爱的狗。我有过很多犬友——高大威猛的玛斯第夫犬、温顺可亲的斯派尼尔犬、善

蕨草

多年生草本植物,生在山野草地里,根茎长,横生地下,羽状复叶。蕨草的嫩叶可以吃,也叫蕨菜,其根状茎可制淀粉,也可入药。

海伦常常在小溪边漫步,用双手感受清凉的溪水。

于追逐的萨脱猎犬，以及忠实而相貌平平的第锐尔狼狗。目前我的宝贝是一条猎犬，它尾巴卷曲、相貌滑稽，十分逗人喜爱。我身边的狗似乎都知道我是盲人，每当我独自行动时，它们总是寸步不离地陪伴着我。

遇到雨天不能出门，我就会像其他女孩子一样待在屋里，想尽各种办法消遣。我喜欢编织，或者随意地读书，有时同朋友们下下棋。我有一个特制的棋盘，格子都是凹下去的，可以使棋子稳稳当当地嵌在里面。黑棋的格子是平的，白棋的格子是凸起的，白棋比黑棋大，这样我凭抚摸就可以知道对方的棋势。棋子在格子间移动时会产生震动，这样我就知道什么时候该我走棋了。

如果独自一人待着无聊，我就会玩单人纸牌游戏。我有一副特制的纸牌，每张牌的右上角有一个盲文符号，我可以凭借它分辨出每一张牌。

如果有孩子们在我身边，我最喜欢同他们做游戏。我十分乐意和孩子们一起玩，哪怕是年龄很小的孩子。我喜欢他们，他们也总是陪在我身边。他们带着我到处走动，把自己感兴趣的事情告诉我。但是他们不会在我手上拼字，我只能读他们的唇语。如果我读不懂，他们就会给我做手势。每逢我误解了他们的意思，做出些可笑的事，他们就会哄堂大笑，然后再重新给我"讲解"一遍。我时常给他们讲故事，教他们做游戏，和他们在一起总觉得时间过得很快。

纸牌：纸牌即扑克牌，其诞生已有数百年的历史。扑克牌诞生之初，每副扑克牌的张数并不相同，如意大利的为22张，德国的为32张，西班牙的为40张，法国的为52张。之所以发展到现在的54张，是由1392年法国创始的52张扑克牌，外加大、小王演变而来的。此后，各国扑克牌张数逐渐统一为现在的54张。

海伦常常和孩子们在一起玩耍，给他们讲故事。

25
钟爱艺术

博物馆和艺术馆是我的快乐和智慧的源泉。许多人都对我充满了疑惑，觉得我仅仅用双手就能感觉出一块大理石雕像所表现的动作和感情，简直是不可思议。事实上，当我的指尖触摸到这些艺术品的线条和轮廓时，我就能清晰地感受到艺术家们所要表达的思想感情。

从希腊英雄雕像的脸上，我可以揣摩出他们的喜怒哀乐，正如我能从正常人的脸上猜测出他们的性情一样。从狄安娜雕像的宁静神态上，我体会到了森林的秀美和自由，那是一种足以驯服猛兽，感化一切激情的伟大力量；维纳斯雕像的安详神态和唯美的线条，使我的心中充满了喜悦，而巴雷的铜像则展示了丛林的奥秘。

在我书房中的墙壁上挂着一幅荷马的圆雕，我一伸手就能触摸到它。我常怀着崇敬的心情抚摸荷马英俊而略带感伤的面庞。我对他额头上的每一道皱纹都如数家珍——那些皱纹就如同他生命的年轮，刻着忧伤的痕迹。他的那双盲眼仍在为他心爱的祖国希腊寻求光明与蓝天，然而总是以失败告终。他美丽的嘴角坚定而柔和。这是一张饱经忧患的沧桑的脸庞。啊！我能充分地了解到他心中的遗恨，在那个犹如漫漫长夜的时代："哦，黑暗、黑暗／在这正午刺眼的阳光下／绝对的黑暗、无尽头的黑暗／没有一丝光明的希望！"

我仿佛听见荷马在歌唱，他从一个营帐摸索到另一

海伦通过触摸维纳斯的雕像，领悟到了艺术的美。

维纳斯

维纳斯是希腊神话中的爱神、美神。1820年，在希腊的米洛斯岛发掘出一尊雕刻于公元前2世纪的维纳斯雕像，被称为"米洛斯岛的维纳斯"。在不久之后的一场战争中，维纳斯雕像的双臂被损坏，雕像于1821年被法国卢浮宫珍藏。

海伦在抚摸扮演王后的埃伦·特里小姐时，感受到她非凡的魅力。

埃伦·特里：埃伦·特里（1847年~1928年），英国著名的戏剧演员，其表演曾风靡英国和北美各国。

个营帐，歌唱生活、爱情和战争，歌唱一个英雄民族的光辉业绩。正是这个雄伟瑰丽的诗篇，为盲诗人赢得了不朽的声誉和世人的景仰。

有时候，我甚至怀疑双手对雕塑美的感受比眼睛更加敏感。我相信只有通过触摸，才能细致入微地体会到曲线的节奏美。不管怎么说，我能从希腊的大理石神像上觉察出古希腊人微妙的感情波动。

欣赏歌剧也是我喜爱的娱乐，尽管我不经常去剧院。我喜欢在戏剧上演前听别人讲述剧情，这比读剧本要有趣的多，因为只有这样我才会有身临其境的感觉。我曾荣幸地会见过几位著名的演员，他们演技高超，能使你忘却身在何处，跟随他们回到浪漫的古代帝国。埃伦·特里小姐具有非凡的艺术才能，她曾扮演过我们心目中的理想的王后，我曾被允许抚摸她的面容和服饰。她身上散发出来的高贵神情，足以消解世间的一切不快。

亨利·欧文勋爵穿着国王的服饰站在她的身旁，他的一举一动无不显露出王者的风范。在他扮演的国王的面庞上，有一种冷漠的、无法捉摸的悲伤神情，这令我永远不能忘怀。

我还认识约瑟夫·杰弗逊先生。我很荣幸他是我众多朋友中的一个。只要我碰巧在他演出的地方，我总是去看望他。我第一次看他演出是在纽约上学的时候，他演的是《瑞普·凡·温克尔》。我经常读这个故事，但是从来没有像在看戏时那样感受到瑞普的慢吞吞、古怪有趣、亲切和善的行动中所具有的魅力。杰弗逊先生出色的、惟妙惟肖的表演让我高兴得忘乎所以。我在手指间保留着老瑞普的形象，永远不会忘却。

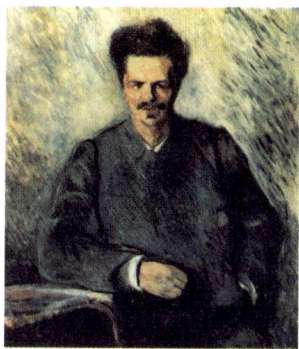

19世纪的戏剧流派

19世纪，欧洲戏剧分为浪漫主义和现实主义两大流派。浪漫主义戏剧主张表现人物的内心世界，强调不受约束而创作。现实主义戏剧强调再现生活的全部真实性，刻画典型环境中的典型性格。

演出结束后，莎莉文老师带我到后台去看他，我感觉到他奇怪的装束、松垂的头发和胡子。杰弗逊先生允许我触摸他的脸，好让我能够想象到瑞普在长达20年之久的长眠后醒来时的样子，他还给我表演可怜的老瑞普摇摇晃晃地站立起来的样子。

我还看过杰弗逊先生表演的《情敌》。有一次我在波士顿拜访他的时候，他为我表演了《情敌》中最精彩的片段。我们落座的接待室被当作舞台，他和他的儿子坐在大桌子旁，鲍博·阿克斯在写决斗信。我用手追随着他的每一个动作，捕捉到了他滑稽有趣的动作，而如果这一切是拼写在我手中的话，我是不可能体会到的。然后他们站起身来进行决斗，我追随剑的快速挥动和推挡闪避，以及当勇气从手指尖消失时可怜的鲍博的颤抖。然后这位伟大的演员把外衣猛地一拉，嘴巴一阵抽动，我马上就置身于落水村，感觉到施奈德蓬乱的头靠在我的膝头。

海伦也曾抚摸过约瑟夫·杰弗逊扮演的瑞普·凡·温克尔。

杰弗逊先生背诵了《瑞普·凡·温克尔》中最精彩的对话，他的笑声里充满苦涩的情感。他让我尽量表达出应该和对话搭配的姿势和动作。当然我对戏剧动作一无所知，只能够瞎猜，但是他以精湛的艺术才能使舞台动作和台词协调一致。当瑞普低语"人一走，这么快就被忘记了吗？"时的一声叹息以及他从长眠中苏醒后寻找狗和枪时的惊恐，和德里克签约前的犹豫不决——这一切似乎就发生在眼前。

我仍然清楚地记得第一次看戏的情景。那是在 12 年前，小童星莱斯莉正在波士顿演出，莎莉文老师带我去看她表演的《王子与贫儿》。直到现在，我仍然无法忘记剧情中所充满的喜怒哀乐的情感。随着剧情的发展，观众一会儿喜，一会儿悲，这位小演员表演得真是惟妙惟肖。

散场后，我被允许到后台去见这位身着华丽戏装的演员。她站在那里向我微笑，一头金发披散在肩上。虽然演出刚刚结束，她一点儿也没表现出疲惫和不愿见人的样子。那时，我刚刚学会说话，之前我曾反复练习说出她的名字，直到我可以清楚地表达出来。当她听懂了我说出的几个字时，立即高兴地伸出手来迎接我，表示很高兴能与我相识，我也高兴得几乎要跳起来！

浪漫主义戏剧的代表人物

雨果是19世纪法国著名的作家、戏剧家。他创造了法国式的浪漫主义戏剧，通过戏剧的创作来阐释他对人生的看法。历史剧《吕依·布拉斯》（剧照见图）是雨果最有生命力的代表作，其人物性格鲜明，具有巨大的艺术魅力。

海伦用手抚摸演员手中的剑，感受他们动作的变化。

海伦曾会见了《王子与贫儿》的扮演者莱斯莉。

虽然生命中有很多缺陷，但我可以用这么多的方式感受到这个多姿多彩的世界，真是感到无比的欣慰。世界是美好的，甚至黑暗和沉寂也是如此。无论处于多么恶劣的环境，我们都要不断地努力，学会知足常乐。

有时候，当我孤独地等待生命的大门关闭时，一种与世隔绝的感觉就会像冷雾一样笼罩着我。远处有光明、音乐和友谊，但是我走不过去，命运之神无情地挡住了我。我真想提出强烈的抗议，因为我的心仍然充满了热情。但是那些酸楚而无益的话语到了唇边，又会像泪水一样流入心底，沉默又渐渐浸透了我的灵魂。但是不久希望之神又会微笑着轻轻向我走来，对我耳语道："忘我就是快乐。"因此我要学会把别人眼见的光明当作自己的太阳，将别人听见的音乐当做自己的乐曲，将别人嘴角的微笑当做自己的快乐，因为我相信，命运对每一个人来说都是公平的，当你失去某些东西时，另一些东西就会作为补偿，来到你的身边。

现实主义戏剧奠基人

果戈理是俄国小说家、剧作家。他开创了批判现实主义戏剧的先河，主张戏剧应该表现生活的实质。果戈理善于捕捉生活中的本质现象并加以提炼，并用夸张的手法来表现，使之典型化。

26

我钟爱的朋友们

朋友们的友情使海伦的生活变得更加多姿多彩。

要是我能把曾经帮助过我、给我带来快乐的人一一写出来，那该有多好呀。我在前面已经提到了一些人，大家对他们应该很熟悉了吧。但是还有另外一些人并不被大多数人所知道，尽管如此，他们对我的帮助，我也将永远铭记在心中。

人生最值得庆幸的事，莫过于结识一些益友，他们如同优美的诗歌打动人心，和他们握手时你就能感觉到他们真挚的目光。他们幽默风趣的性格，足以把我们心中的愤怒、烦恼和忧虑一扫而光，使我们感到耳目一新，重新看到这个世界的美好与和谐。总之，有了他们在身边，我就感到心满意足了。同他们的相会也许一生只有一次，但他们平静的神情和温柔的性情足以融化我们心中坚硬的冰块，犹如山泉流进海洋，淡化了海水的浓度。

时常有人会这样问我："有人使你觉得厌烦吗？"我不太明白他们的意思。我的确不喜欢某些人，尤其是新闻记者，他们总是表现出过分的好奇心，问一些十分愚蠢的问题。我也不喜欢那些自以为是、喜欢说教的人，他们就像那些在和你一起走路时故意放慢脚步来迁就你的人一样虚伪和夸张，令人心中不快。

我所接触到的各种各样的手就很能说明问题。有些人在握手时显得倨傲无礼，一副高高在上的样子；有些

海水为什么是咸的

海水是盐的"故乡"，里面含有各种盐类，其中90%左右是氯化钠，也就是食盐。此外，海水中还含有氯化镁、硫酸镁、碳酸镁及含钾、碘、钠、溴等各种元素的其他盐类。这些盐类溶解在海水中，因此海水尝起来就是又咸又苦的了。

人则郁郁寡欢，和他们握手就像是握住了西北风一样；而另一些人则活泼快乐，他们的手像阳光一样温暖。有时哪怕是一个小孩子的手，也能带给我无穷的快乐，就像含情的一瞥带给人的感受一样。我常常从一次热情的握手或是一封友好的来信中，感受到无比的快慰。

布鲁克斯主教：布鲁克斯主教（1835年~1893年），美国基督教圣公会牧师，自1869年起任波士顿三一教堂牧师，至1891年退休。

我有许多从未谋面的朋友，他们的人数实在是太多了，以至于我常常不能一一回复他们的来信，我愿在此特意感谢他们的亲切问候，只是文字远远表达不了我的心情。我非常荣幸地认识了许多智者，并且还曾和他们一起交流过。认识布鲁克斯主教的人，会体会到同他在一起是多么的快乐。当我还是一个孩子的时候，就常常坐在他的膝上，用双手紧紧握住他的大手。他会给我讲解上帝和精神世界的种种有趣的故事，由莎莉文老师拼写到我的另一只手上。我常常听得又惊奇又兴奋，尽管我不能完全理解他的意思，但正是从那时起，我开始体会到了生命的乐趣。

布鲁克斯是海伦忠实的朋友，给幼时的海伦带来了很多快乐。

随着年龄的增长，我越来越体会到布鲁克斯主教的话对我的启迪。记得有一次我不解地问："世界上为什么会有那么多的宗教？"他说："海伦，世界上有一种无所不在的宗教，那就是爱。以你的整个身心去爱你的天父，尽自己的所能去爱上帝的每个儿女，同时要牢记，善的力量远比恶强大，天堂的钥匙就掌握在你的手中。"他的一生就是这个伟大真理的最好的见证。在他高尚的灵魂里，爱和渊博的知识及信仰融合成一种深刻的洞察力，他能看见：上帝使人类得到解放，得到鼓舞，使人类变得谦卑、柔顺并得到慰藉。

布鲁克斯主教从未教过我什么特别的信条，但是他把两种伟大的思想印在了我的脑海里——上帝是万物之父，四海之内皆兄弟。这是一切信条和教义的基础。上帝是爱的化身，是万物的主，人类都是他的儿女。乌云总会被驱散，正义必定会战胜邪恶。

我过得非常快乐，从未想到过身后之事，但却常常想起几位好友的在天之灵。岁月如梭，虽然他们离开人世已有好多年了，但却仿佛同我近在咫尺，如果他们什么时候拉住我的手，像从前一样亲热地和我交谈，我一点儿也不会觉得惊奇。

自从布鲁克斯主教逝世后，我把《圣经》从头到尾读了一遍，同时还读了几部从哲学角度论述宗教的著作，其中有斯威登伯格的《天堂和地狱》、亨利·德鲁蒙德的《人类的进步》。但我始终觉得，最能慰藉我的

斯威登伯格：斯威登伯格（1688年~1772年），瑞典科学家和神学家。

亨利·德鲁蒙德：亨利·德鲁蒙德(1851年~1897年)，苏格兰自由教会牧师和作家，致力于科学和宗教的融合。

初次见面时，亨利·德鲁蒙德热情的握手令海伦终身难忘。

灵魂的还是布鲁克斯主教的爱。

我认识亨利·德鲁蒙德先生，他那热情而有力的握手令我感激不已。他是一位待人热情、知识渊博而健谈的朋友，只要有他在场，屋子中总是充满了欢声笑语。我还记得同奥利弗·文德尔·霍姆斯博士见面的情形。他邀请莎莉文老师和我在一个星期日的下午去见他。那是初春时节，我刚刚学会说话不久。一进门我们就被带进他的书房，他坐在壁炉旁一张扶手椅上。旁边燃着熊熊的炉火，柴草劈啪作响，他说自己正沉湎于对往昔的回忆之中。

霍姆斯博士喜欢听海伦朗诵，并为她能够说话感到由衷地高兴。

"还在聆听查尔斯河的细语吧。"我补充道。

"是的，"他说，"查尔斯河引起我许多美好的联想。"

书房里有一股油墨和草革的气味，我知道这里一定到处都是书。我本能地伸出手去摸索它们，最后我的手落在了一卷装订精美的《坦尼森诗集》上。莎莉文老师告诉我书名，我就开始大声朗诵："啊！大海，撞击吧，撞击吧，撞击你那灰色的礁石！"但是我突然停了下来，因为我感觉到有泪水滴在了我的手上。这位可爱的诗人竟然因我的朗诵而哭了，这使我觉得颇为不安。他让我坐在靠背椅上，拿来许多有意思的东西给我看。在他的要求下，我朗诵了自己最喜欢的一首诗——《被禁闭的鹦鹉螺》。那以后我又同他见了好几次面，我喜欢他的诗歌，更敬佩他的为人。

会见霍姆斯博士之后不久，我又和莎莉文老师一起去看望了惠蒂尔。那是在一个晴朗的夏日，梅里迈克幽

奥利弗·文德尔·霍姆斯：奥利弗·文德尔·霍姆斯（1809年～1894年），美国医师、诗人。

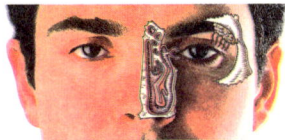

人为什么会流泪

人之所以会流泪，是因为在人的两个眼眶的外上方各有一个泪腺，泪腺时时刻刻都在分泌泪水。平时，泪腺分泌的泪水很少，这些泪水通过泪道流到了鼻腔中，但当人悲伤或是激动时，泪水大量涌出，鼻腔压力增大，泪道受阻，眼泪就夺眶而出了。

临别前，惠蒂尔亲自将海伦送到大门口，这竟是他们的最后一次告别。

彼得

彼得是耶稣的信徒，忠心地敬仰耶稣，并深受耶稣器重。耶稣有12个信徒，图为达·芬奇的名画《最后的晚餐》，表现了信徒犹大背叛耶稣的画面。

静的河畔。惠蒂尔文质彬彬，谈吐不凡，给我留下了深刻的印象。他有一本凸印本诗集，我从里面读到了一篇诗歌，题为《学生时代》。他对我能够如此准确地发音感到非常高兴，说他听起来一点儿也不困难。我问了他许多与这首诗有关的问题，并且把手放在他的嘴唇上来"听"他的回答。他说，那首诗中的小男孩就是他自己，小女孩名叫萨利。他还告诉我许多细节，但是我现在已经记不清楚了。

我还朗读了一首《赞美上帝》，当我念到最后一行时，惠蒂尔在我的手中放了一个奴隶的塑像。从那蹲着的奴隶身上掉下两条锁链，就好像天使把彼得带出监牢时，彼得身上的镣铐脱落下来的情形一样。后来他邀请我们去他的书房，他亲笔为莎莉文老师题字，表达对她的工作的由衷钦佩，而后他对我说："她是你心灵的解放者。"临别时，他把我们送到大门口，还温柔地亲吻了我的前额。我们答应第二年夏天再来看望他，但是还没等到那一天，他就与世长辞了。

我还有许多忘年交朋友，爱德华·埃弗里特·黑尔就是其中一位。我8岁那年就认识了他，随着年龄的增长，我对他的敬佩也与日俱增。他博学而富有同情心，是莎莉文老师和我在患难之中的最好的朋友，他坚强的臂膀助我们克服了许多艰难险阻。不只是对我们，他对任何身处逆境的人都伸出援助之手。他用爱赋予旧的教条以新的活力，并教会人们坚定信念，学会快乐生活，求得自由。他言传身教，既热爱国家，又热爱所有的人民，勤奋上进。他是全人类的朋友。

愿上帝保佑他！

前面我已经提到过与贝尔博士初次见面的情形，后来在华盛顿，在布雷顿角岛他幽静的家中，我又同他一起度过了许多愉快的日子。在贝尔博士的实验室里，在广阔的布烈斯河岸的田野上，我静静地听他讲述自己的实验，心中充满了喜悦。当我们一起放风筝时，他告诉我，他希望能将风筝的原理运用于未来的飞船。贝尔博士精通各方面的学识，并且善于将自己研究的每一个课题生动有趣地描述给你，即使是一些深奥的理论知识，他也能讲得趣味十足。他总是让你觉得只需一点儿时间就可以成为发明家。他十分幽默而富有情趣，对儿童满怀爱心。当他抱着一个幼小的聋哑孩子时，常常表现出真诚的快乐。他为聋哑人作出的贡献将造福千百代人。他自己所取得的伟大成就，以及帮助他人所取得的成绩，使我们对他充满了敬佩。

劳伦斯·赫顿：劳伦斯·赫顿(1843年~1904年)，美国纽约戏剧评论家。

在纽约居住的两年中，我认识了许多知名人士。在这之前我已经久闻他们的大名，却从未想过能同他们见面。在好友劳伦斯·赫顿先生的府上，我得以同他们中的许多人相识。我曾经十分荣幸地到赫顿夫妇优雅宜人的家里做客，我还参观了他们的藏书室。那里留下了许多才华横溢的朋友给这对夫妇的留言，能够亲自读到它们，我感到莫大的荣幸。据说赫顿先生总是能唤起人们内心深处的美好思想与情感。人们不需要读《我所认识的人》，就可以了解他。他是我所认识的最慷慨、待人最宽厚的人。

海伦曾到赫顿夫妇家中做客，和他们愉快地交谈。

赫顿夫人是我患难与共的挚

友，我思想中许多最宝贵的东西，都是从她身上得到的。我在大学时能取得优异的成绩，多亏了她的鼓励和帮助。当我遇到困难并感到气馁的时候，她总是写信给我，鼓励我振作起来。从她身上我懂得了很多道理，并发现人只要征服了一个困难，下一个就会变得容易多了。

赫顿先生给我介绍了许多文学界的朋友，其中有声名卓著的威廉·狄思·霍尔斯先生和马克·吐温先生。我还见过李察·华生·吉尔德先生和艾德豪德·克拉伦斯·惠特曼先生。此外我还认识查尔斯·达德利·沃纳先生，他很会讲故事，受到许多朋友的敬爱，对人又富有同情心，大家都说他爱人如爱己。有一次沃纳先生带着诗人约翰·柏洛夫先生来看我。他们在散文和诗歌创作方面的才华为我所钦佩，如今我又亲身感受到了他们的非凡魅力。

这些文学界名流经常在一起谈天说地，他们唇枪舌剑，妙语如珠，令我望尘莫及，就好像小阿斯卡留斯步履跟跄地跟着大英雄埃涅阿斯一样。

吉尔德先生还跟我谈起过他在月夜穿越大沙漠到金字塔去的神奇远足。有一次他写信给我时，特意在签名下面做出凹下去的印迹，以便我能够轻松地摸出来。这使我想起黑尔先生在给我写信时，也会把签名刺成盲文。我还用读唇的方法听马克·吐温先生朗诵了他的一两篇小说。他的思想和行为都与众不同，我在与他握手时，能感觉到他炯炯有神的目光。当他以一种特有的幽默声调进行讽刺和挖苦时，你甚至也能感觉到他的温柔和真诚的同情心，他简直是伊利亚德的化身。

我在纽约还见到了许多有意思的人物，如《圣尼古

沃纳先生曾带着柏洛夫先生来看望海伦，使海伦深受感动。

约翰·柏洛夫：约翰·柏洛夫（1837年~1921年），美国散文家和自然主义者。

埃涅阿斯：希腊神话中的特洛伊英雄，人神之子，他从陷落的特洛伊逃出，带着父亲和儿子（小阿斯卡留斯）历经千辛万苦逃到意大利，在意大利建立了罗马国。

拉斯报》著名的编辑玛莉·玛普斯·道奇女士,《爱尔兰人》一书的作者凯蒂·道格拉斯·威格因女士。她们都曾送过我精美的小礼物以及自己的著作,并寄来亲切的书信和一些照片。

可惜的是篇幅所限,我不能一一介绍所有的朋友,他们纯洁高尚的品质也远非笔墨所能表达。因此在提到劳伦斯·赫顿夫人时,我的心中还犹豫不决。最后我还要再提两位朋友,一位是匹兹堡的威廉索夫人,在林德斯特时,我常去她家中拜访。她总是设法帮助别人,而在我们相识的这么多年里,她向我和莎莉文教师提出了很多宝贵的意见。

另外还有一位朋友也使我受益匪浅,他以强有力的领导才干赢得了世人的尊敬。他心地仁慈,默默行善——由于他的特殊身份,我是不应该提到他的大名的,但我还是要指出,如果没有他的慷慨相助,我是不可能完成大学学业的。

事实上,是我的朋友们创造了我的一生。他们费尽心思地帮助我,把我的缺陷转变成难得的特权,使我能够在灾难的阴影中,平静而快乐地前进。

戴尔·卡耐基

海伦在文中未透露姓名的朋友指的是戴尔·卡耐基(1888年~1955年),他是美国著名的心理学家和人际关系学家,他开创的"人际关系训练班"遍布世界各地。

海伦时常去拜访匹兹堡的威廉索夫人,威廉索夫人待人十分热情。

27

在连杉的生活

1904年，海伦从哈佛大学拉
德克利夫女子学院顺利毕业。

股票

股票是股份公司用来表示股
份的证券。股份公司的投资人持
有股票，有权分享公司的收益，并
对公司债务负责。图为美国华尔
街证券交易市场。

毕业典礼结束后，莎莉文老师立即带我
离开礼堂，我们乘车前往新英格兰的连杉，那
里是一个美丽宁静的地方，我们早就计划搬
过去了。

当天晚上，我和朋友们在奥罗摩那波亚
加湖平静的湖面上泛舟，在宁静祥和的星空
下，我暂时忘却了世间的一切烦恼，内心十
分平静。

有一张报纸夸大其词，说连杉的住宅是波士
顿市政府送给我的，不仅有宽敞的庭院，而且室
内堆满了青铜雕塑，还说我有一间大型藏书室，藏
书数万册，我在此处的生活十分惬意。

真是一派胡言。我们居住的不过是古老的农舍，
是我用10年前史波林先生送给我的糖业公司的股票换
来的。

史波林先生在我们最困苦的时候伸出了援助之手。
第一次见到他时我只有9岁，他还为我介绍了可爱的童
星莱特，当时她正在参演《小公主》一剧。

史波林先生在我们有困难时总是设法帮助我们，他
还时常到柏金斯盲人学校来探望我们。他每次光临都会
带些玫瑰花、饼干、水果分给大家。有时他还带我们出
去吃午饭，或者租辆马车带我们出游，童星莱特也多半
跟我们一起出行。

莱特是一个美丽活泼的小女孩，史波林先生看到我

俩一起玩耍时十分开心，并且说我们是他"最心爱的两位小淑女。"当时我正在学习如何与人交谈，可是史波林先生总是弄不懂我的意思，这使我深感遗憾。有一天史波林先生到来前，我反复练习说莱特的名字，打算让他惊喜一下，可是我费了好大力气也说不好莱特的全名，以至于急得哭了出来。

等到史波林先生到来时，我仍然迫不及待地展现我的练习成果，一遍又一遍地重复了好多次，最后总算让史波林先生弄懂了我的意思，当时我又高兴又感动，那种心情至今也无法忘怀。

此后每当我无法明确地表达自己的意思，或者周围的环境太吵，令史波林先生无法和我沟通时，他就会紧紧地把我搂在怀里，轻声安慰我，告诉我他会一如继往地爱我。

史波林先生按月寄给我和莎莉文老师生活费——一直到他去世。当他把糖业公司的股票送给我们时，嘱咐我们可以在需要的时候卖掉它。

就这样，我和莎莉文老师拥有了这幢房子。当我们踏进这幢房子，开始新的生活时，无时无刻不感觉到史波林先生就在我们身边。

房子的四周有 7 英亩的荒地，莎莉文老师把挤奶场与陶器储藏室打通，作为我的书房，我把100册盲文书籍放在里面。屋里的陈设虽然相当简陋，不过我已经心满意足了。至

淑女：在18至19世纪的美国，衡量淑女的主要标准有：落落大方、举止斯文；性情温厚文雅，不轻易将感情外露；精通社交礼节，在各种社交场合都能做到热情大方，行动庄重文雅。

海伦努力想在史波林先生面前说出莱特的名字，急得满头大汗。

盆景

一种陈设品，盆中栽种小巧的花草，配以小树和假山等，像真的风景一样。

少这儿光线充足，屋子东西两侧的窗台上可以摆放盆景，透过两扇落地玻璃门，可以眺望不远处的松林。

莎莉文老师特地在我的卧室旁边搭了一个小阳台，我高兴时就可以出去走走。就是在这个阳台上，我第一次听到了鸟儿在唱"爱之歌"。那天，我在阳台上享受着和风，舍不得进屋，足足待了一个多钟头。阳台的南侧种着藤蔓，葱绿的枝叶顺着栏杆爬了上来；北侧则种着一株巨大的苹果树，苹果花扑鼻的香味儿令人陶醉。

忽然间，我扶着栏杆的手感觉到微微的震动，这种震动给我的感觉和音乐家喉咙上的震动一模一样。震动是间歇性的，忽行忽止，就在某一个停顿的瞬间，有一片花瓣飞落下来，轻触过我的面颊，掉落在地面。我立刻猜想到可能是鸟儿飞来或者微风吹过，这时栏杆又开始震动了。

"到底是什么呢？"

海伦在阳台上第一次"听到"了鸟儿的歌唱。

我静静地站在那儿，凝神地思索着。这时莎莉文老师忽然来到阳台边，从窗内伸出手来，悄悄地暗示我不要动。她抓着

我的手，轻轻地告诉我："有一只知更鸟正好停在你身旁的栏杆上，只要你轻轻一动，它就会飞走，所以最好站着别动。"

莎莉文老师用手语告诉我，这种鸟儿婉转的叫声听起来很像"飞——普——啊——威、飞——普——啊——威"，我屏息静听着鸟儿的叫声，慢慢地能分辩出叫声的节拍与音调了，同时也感觉到鸟儿的叫声越来越急促、欢快。莎莉文老师又告诉我："鸟儿的恋人正在苹果树上与它应和，那只鸟儿可能早就等候在那儿了。哦！你瞧，它们又开始二重唱了。"停了一会儿，莎莉文老师又说："现在，两只鸟儿已经卿卿我我地在苹果花间互诉衷曲了呢！"

莎莉文老师告诉海伦，两只鸟儿正在树间互诉衷曲呢。

后来，莎莉文老师与梅西先生结婚了。长久以来，我一直期望着莎莉文老师能有一个美满的归宿，因此对于他们的婚姻，我感到由衷地高兴，并且诚心诚意地祝福他们永远幸福。

婚礼由我们的朋友爱德华·埃弗里特·黑尔博士主持，在一幢美丽的白房子里举行。婚礼结束后，新婚夫妇前往新奥尔良度蜜月，母亲则带我回到南部度假。

六七天后，梅西夫妇忽然出现在我和母亲所住的旅社里，把我们吓了一大跳。在南部初夏的时光，能够看到我最喜爱的两个人，我感到出乎意料的惊喜，如同做梦一样。梅西先生告诉我，这一带到处洋溢着木兰花的芳香，阳光明媚，还有十分悦耳的鸟鸣声。这对蜜月中的夫妇，可能把嘤嘤的鸟语视为对他们新婚的最好的祝

新奥尔良：美国南部城市，濒临墨西哥湾，是路易斯安那州一个重要的港口城市，以爵士乐和法国殖民地文化闻名。

福了。

不久后，我们一行四人回到了连杉的家。我隐隐约约听到一些风言风语，说莎莉文老师结婚了，我一定会伤心失望，而且还会吃醋。甚至还有人写信安慰我，鼓励我振作起来，不要消沉。可是他们一定想不到，我不仅不会伤心、吃醋，而且日子过得比过去更愉快、更充实呢。

莎莉文老师心地仁慈、品格高洁，而梅西先生也是一个热情和善的人，他讲的故事常常引人发笑，他还常常给我讲解一些常识和科学道理，偶尔也和我讨论一下当前文学界的潮流。

梅西先生常常给海伦讲解一些常识和科学道理。

我曾经因为打字机出了故障延误了正常的写作进度，最后为了赶稿，梅西先生熬了一个通宵，专门为我打了40张稿纸。

当时，我应邀为《世纪杂志》撰稿，文章的题目是《常识与杂感》，主要记录了我身边的一些琐事。由于简·奥斯丁曾出过同样题目的书，因此我把稿子结集出版时，就把书名改成了《我所居住的世界》。

在这本书的写作过程中，我的情绪一直处于最佳状态，这是我写得最愉快的一本书。我写到新英格兰迷人的风光，也讨论了我所想到的哲学问题，那种畅所欲言的感觉十分美妙。

接下来我出版了一本诗集，名为《石壁之歌》，写作的灵感来自田园生活。有一天，我和莎莉文老师到野

吃醋说法的由来

"吃醋"这一说法是如何产生的呢？据传，唐太宗李世民曾赐给宰相房玄龄几名美女做妾，因素闻房夫人是个悍妇，李世民便派太监赐房夫人一杯毒酒。房夫人接过毒酒一饮而尽，结果并未丧命，原来壶中装的是醋，唐太宗只是和她开了一个玩笑。"吃醋"的说法由此产生。

外修理古老的石垣，春天的气息和劳动的喜悦，在我的心中酝酿出一首首美妙的歌曲，我将它们写成了诗歌。

在整理诗稿时，梅西先生给了我很大的帮助。他直言不讳地指出自认为不满意的地方，也毫不保留地夸赞自己欣赏的诗句。就这样，每一篇诗稿都经过了我们的反复吟咏和再三斟酌，最后才确定下来。梅西先生常常说：“我们如此尽心尽力地去做，如果还有不完美的地方，那也问心无愧了。”

我们在连杉过着朴实的田园生活，我想到了父亲在亚拉巴马州的农场，于是开始蓄养家畜、种植农作物。一开始，我们仅仅只有从康桥带回来的那只名叫费兹的狗。费兹在我们搬到此地一年后就死了，我们又陆续养了几条狗。

我们曾到附近的养鸡场买了几只小鸡回来饲养，每个人都很热心地照料它们，但没想到它们还是死了。我们觉得有几间屋子空着实在可惜，于是想到把它改成马

康桥：康桥即剑桥，英国著名的剑桥大学所在地。

海伦和梅西夫妇买了几只小鸡，并精心地照料它们。

海伦和梅西夫妇站在窗口，出神地看着阳光下野鹿的美妙身姿。

鹿

野生哺乳动物，反刍类，四肢细长，尾巴短。鹿的种类很多，一般雄鹿的头上有角，个别种类的雌鹿也有。鹿的毛色多为褐色，有的有花斑或条纹等。鹿的听觉和嗅觉都很灵敏，行动敏捷。

厩。我们立即买了一匹马，但这匹马野性未驯、凶悍无比，半路上就把送马的少年摔下来两三次，然而那少年把马交给我们时，竟然只字不提。

第二天一早，梅西先生把马牵出来，套上货车，要到镇上去。刚走出大门没几步，马儿忽然蹦跳起来。梅西先生觉得奇怪，以为是马具有问题，所以就下车查看。当梅西先生把马具从马身上卸下来时，那马忽然长啸一声，一溜烟跑了。两天之后，邻近的一位农夫看到它在森林中溜达，就把它送了回来。无奈之下，我们只得把这匹马卖给了专门驯马的人。

那一阵子我们的经济比较拮据，于是有人提议我们种植苹果。说干就干，我们一下子买了100棵苹果树苗，开始种植起苹果来。

到了第5年，树上结起了苹果，大家都很兴奋，我每天都在笔记本上记下苹果的数量、大小等。

一天下午，仆人忽然气急败坏地跑进来，大声嚷嚷道："哎呀，不得了了！野牛！野牛！"我们立即跑到窗口去看个究竟，原来不是野牛，竟是附近山上下来的野鹿。一对鹿夫妇带着三只小鹿，在我们的苹果园里畅游。阳光下它们活跃的身姿是如此的美妙，以致我们都看呆了。然而就在此时，这群不速之客忽然毫不客气地

四处乱蹿。直到它们走后，大伙儿才如梦初醒地出去查
看"灾情"，这一下所有的人都愣住了。

上帝啊！ 100 棵苹果树只剩下 5、6 棵了！

就这样，我们企图经营的各种农牧计划全都泡汤
了。但是在我的回忆中，那却是一段有趣而又充实的
生活。

在院子里，梅西先生用心栽培的苹果树长得很好。
秋天时硕果累累，我们拿着梯子去摘苹果，装满一个又
一个的木桶。大家一起动手整理庭园时，我总是耐心地
拾取地上的枯树枝，捆成一束一束的当作柴草。

梅西先生还想出一个妙法，就是在通往山坡的沿途
树干上绑上铁丝，这样一来，我就可以手扶铁丝，独自
一个人走到森林里去。森林里丛生着秋麒麟菊，还有开
花的野生胡萝卜。

那条"铁丝小径"足足有四五百米长，我不需要任
何人陪伴，常常一个人出去晒太阳，心情变得十分愉
快。我充分享受到了自由的乐趣，这一切都是梅西先
生赐予我的，我由衷地感谢他。

在连杉的那段时间是 1905 年到
1911 年，当时既没有汽车、
飞机，也没有收音
机，也就无从知
道哪里会发生战
争，人人得以过
着平静而悠闲的
生活。

身处当今
世界，回想过
去，真有恍如隔
世的感觉。

麒麟菊：菊科多年生草本植物，
茎半木质化；叶子椭圆形，表面
粗糙，边缘呈锯齿状；圆锥花
序，开黄色小花

秋天苹果成熟时，海伦和梅
西夫妇兴致勃勃地收获苹果。

28

意外的喜悦

俄亥俄州：美国东北部的一个州，位于俄亥俄河与伊利湖之间。全州面积10.67万平方千米，首府为哥伦布。全州耕地面积广阔，盛产玉米、燕麦、干草等，为城市提供大量蔬菜、肉类产品。

海伦到各地发表演讲，募集资金。

经过长期的组织和策划，至1921年，一个全国性的盲人机构终于成立了。在俄亥俄州举办的美国盲人企业家协会的年度总结会上，正式决定成立这一机构。宾夕法尼亚州盲人协会会长是这一计划的发起人，纽约的M.C.麦格尔先生是该会的首任会长。麦格尔先生在起初完全靠朋友们的资助经营此协会，自1924年起，协会决定向社会大众筹募基金，希望我和莎莉文老师协助。

为了筹集资金四处奔波的日子很不好过，然而为了使我们的慈善团体继续维持下去，为了给盲人们谋福利，我无论如何也得尽力做下去。于是我又开始出入各所高楼大厦，进行频繁的演讲了。

募集资金是为了给盲人们创造条件，使他们学到一技之长，自生自立；此外还要帮助那些有天赋而家境贫寒的盲人，使他们的才能得以发挥。

在3年的时间里我们跑遍了全国的每个角落，访问过123个大大小小的城市，参加过249场集会，对20多万听众发表过演讲。此外我们还动员了报社、教会、学校、犹太教会堂、妇女会、少年团体、服务社团等各种团体与组织，请求他们集会募捐，赞助我们的活动。许多团体都不遗余力地支持我们，为盲人事业作出了很大的贡献。

有人说年过 40 岁的人因为经历太多，再不会有什么值得喜悦的事了。不过上天似乎对我特别厚爱，就在我度过40岁生日后不久，接连发生了好几件令我感到意外而又惊喜的事情。其中之一就是美国盲人事业家协会的创立；另一件是我们发起的募捐活动得到了许多人的大力支持，成果辉煌；第三件是全国的盲文终于统一了。此后喜讯可谓接踵而来：第一座国立盲人图书馆成立了，政府还拨出一大笔经费来出版盲文书籍；各州的红十字会也成立了附属盲文机构，专门负责把书籍翻译成盲文；为资助那些在第一次世界大战中不幸失明的战士的福利运动也发起了。我们长久以来的愿望得以一一实现，这是多么令人欣慰的事情啊。

1926年冬，我们到华盛顿募捐，此时正逢国会通过了拨款筹建国立盲人图书馆以及出版盲文书籍的提案，闻此喜讯我们信心倍增。有一天下午，我和莎莉文老师前往白宫拜访柯立芝总统，他十分热情地接待了我们，很热心地听取了有关盲人协会的情况。最后他把我的手放在他的嘴唇上，表达了他对我的工作的肯定，并表示愿意鼎立相助。柯立芝总统说到做到，他后来成了盲人协会的名誉总裁，为协会捐了不少钱，总统夫人也一再表示要参与我们的工作，她对聋哑者非常热心，真诚地替聋哑者谋福利。

我们还拜访过盲人议员汤姆斯·希尔先生及赖辛浦

在白宫，柯立芝总统热情地接待了海伦和莎莉文老师。

白宫

白宫坐落在美国首都华盛顿市中心的宾夕法尼亚大街上，建成于1800年，是此后美国历届总统的官邸和办公场所，占地73000平方米。

……里，鲁沙·巴本克先
……莉文老师参观了独
……仙人掌。

夫妇，他们给予了我们大力的资助。我们在华盛顿的好友——贝尔博士的女儿艾露滋夫人也帮助我们做了大力的宣传活动，这使我们万分感激。

在底特律，当地的残障者保护联盟会会长卡米尔先生义不容辞地呼吁市民们捐款，使我们仅在一次集会上就募得了4.2万美元。会后我们又陆续收到了不少捐款，从1美元到5000美元不等，在此地我们真是收获颇丰。

在费城的募捐也很成功，募捐委员会的委员莱克博士十分热心地向民众劝募，仅仅一个星期就募集到2.2万美元。圣路易、芝加哥、水牛城等地的反应则比较冷淡，但是在罗切斯特这样的小地方我们却募集到了1.5万美元之多。

众所周知，电影明星远比一般人富裕，我预想他们一定会慷慨解囊，可是结果却令人大失所望。我连续寄了许多封信到洛杉矶去，却只收到一封回信——是一位叫玛丽·白克福的女明星寄回来的，其他人则毫无反应。因此，我们对玛丽及其夫婿道格拉斯·费蒙先生的好意格外感激。

在此次行程中，我们还走访了圣罗拉的农业试验场，农场的负责人鲁沙·巴本克先生奇迹般地种植了许多在此地难以生长的水果、花草、树木等，他真是一位了不起的农艺家。巴本克先生不但慷慨解囊，而且非常热心地引导我们参观试验场。他让我抚摸了他培植的仙

芝加哥

芝加哥市是美国第三大城市，位于美国中部、世界第一大湖密歇根湖与芝加哥河交汇处。境内终年多风，号称"风城"。芝加哥市是美国著名的港口城市和铁路枢纽，市中心的西尔斯大厦（见图）是美国第一高楼，高443米。

人掌，这种仙人掌是经过改良的无刺品种，摸起来光滑柔顺，水润饱满。我想它吃起来一定很可口。

近两年来，我为了写书很少外出募捐，我们还需要再筹集150万美元。值得欣慰的是，我们过去的奔波总算没有白费，虽然我们已有2年没举办募款活动，但大多数人已经知道了我们的组织的存在，并陆续有人汇款过来。仅在去年，我们就收到了大富翁洛克菲勒、麦克尔先生等人的大量捐款。目前捐款的人已不计其数，我无法一一列举他们的姓名，而我对他们的感激之情也是无法衡量的，他们的爱心将会温暖每一个盲人的心，并照亮他们人生的行程。如果没有这么多好心人的帮助，我们的协会就无法正常开展工作。每天我们都会收到大量装有支票的信件，这些信件来自各个阶层，有学生、劳工、军人等，还有来自德国、意大利、中国等世界各国的好心人，其中不乏身体有残疾的人。一天早晨，邮差还送来一封来自底特律的信，署名是"一位贫苦女工"，她捐了1美元。

孩子们的反应也很热情，他们的真诚无邪常常令我感动得落泪。有些孩子亲自抱着沉甸甸的储钱罐来，放在我膝上，悉数捐出；有些孩子则写了热情洋溢的信，告诉我他们是省下买可乐、冰激凌的钱捐出来的。记得在纽约的安迪集会时，有位残障少年捐了500美元，还附上了一束美丽的玫瑰花。令人悲痛的是这位少年现已不在人世，那束玫瑰花也早已枯萎，可他的一番美意却永远绽开在我们的心田中。

仙人掌

多年生常绿草本植物，呈灌木状，茎圆柱形，扁平、肉质。茎上着生短刺，为黄褐色。茎的顶端常着生黄色的花朵，花期6~7月，浆果暗红色。

海伦收到了很多孩子的捐款。

图书在版编目（CIP）数据

假如给我三天光明：海伦·凯勒自传 / 龚勋编著．－北京：
人民武警出版社，2012.5
（一生必读的经典．世界十大名著）
ISBN 978-7-80176-796-7

Ⅰ．①假… Ⅱ．①龚… Ⅲ．①凯勒，H．（1880~1968）－自传
Ⅳ．①K837.127＝533

中国版本图书馆CIP数据核字（2012）第088618号

假如给我三天光明海伦·凯勒自传

主编：龚勋

出版发行：人民武警出版社

　　社址：（100089）北京市西三环北路1号

　　发行部电话：010-68795350

经销：新华书店

印制：北京楠萍印刷有限公司

开本：787×1092　1/16

字数：150千字

印张：10

版次：2012年5月第1版

印次：2012年5月第1次印刷

书号：ISBN 978-7-80176-796-7

定价：29.80元